CW00421063

L'ARGENT DE LA FRANCE
À QUOI SERVENT NOS IMPÔTS ?
JEAN-MARIE ALBERTINI

E S   E S S E N T I E L S   M I L A N

Sommaire

Les mots suivis d'un astérisque (*) sont expliqués dans le glossaire.

Où va votre argent ?

Nous protestons toujours contre les impôts que nous payons, mais nous revendiquons toujours plus d'enseignants, de sécurité, de routes ou encore de meilleures garanties contre les risques de la vie. Si les dépenses des administrations représentent aujourd'hui l'équivalent de la moitié de ce qui est produit en France, c'est qu'une grande partie de ce dont nous avons besoin ne peut plus être obtenu par des achats sur le marché. Il y a cependant des limites à cette évolution. À force de vouloir plus de dépenses pour nous instruire, assurer notre sécurité ou nous soigner, nous finirons par mourir instruits, guéris, en sécurité, mais de faim.

Cet ouvrage est essentiellement consacré aux dépenses et aux recettes des administrations. Il ne prend pas seulement en compte celles inscrites dans le budget de l'État, mais aussi celles de la Sécurité sociale, des collectivités locales (communes, départements et régions) et enfin de l'Union européenne, qui assurent une partie des fonctions qui étaient autrefois à la charge des États nationaux.

Pour comprendre les comptes des administrations, il est cependant nécessaire de les situer dans ceux de l'économie française et de posséder quelques comparaisons internationales. Bien entendu, en si peu de pages, il est difficile d'être exhaustif. Dans l'énorme masse des données disponibles, j'ai choisi celles qui peuvent éclairer les propos et les informations sur les administrations que vous apportent presque quotidiennement les médias. Ne soyez cependant pas prisonniers des chiffres. Les statistiques sont établies en fonction des objectifs de ceux qui commandent. Elles sont des construits. De ce point de vue, l'année 1998, dernière année dont nous possédons les chiffres de la comptabilité nationale, est très éclairante. La France vient en effet de se rallier au système européen de comptabilité nationale. La comparaison avec les résultats des années précédentes sera l'occasion d'un premier apprentissage de la relativité des chiffres.

Presque toujours plus de production

La production d'un pays lui permet de satisfaire les besoins de ses habitants et de leur fournir des emplois.

La productivité et le pouvoir d'achat

En reprenant la méthode du Pr Jean Fourastié, on peut estimer que le prix d'une 4 CV Renault représentait, en 1950, 3 090 coûts salariaux* horaires d'un manœuvre, contre seulement 887 pour une Twingo Renault de 1998.

Un siècle de croissance très contrastée

Dans la première moitié du XXe siècle, les deux conflits mondiaux et la grande dépression des années 1930 n'ont guère favorisé la croissance de l'économie française. En 1944, le PIB* représentait moins de la moitié de celui de 1929. À partir de 1945, la croissance économique française prend son envol. En 1974, le PIB français est plus de 7 fois supérieur à celui de 1944 et plus de 3,3 fois supérieur à celui de 1950. À partir de 1975, la croissance se ralentit fortement, les « vingt-cinq médiocres » commencent. En 1999, le PIB français est cependant le double de celui de 1974. En chiffres absolus, la croissance des 25 dernières années est bien supérieure à celle des 25 années précédentes, mais nous ne pouvons plus améliorer aussi rapidement qu'auparavant notre niveau de vie.

Le produit intérieur brut de 1900 à 1999
(en milliards de dollars Geary-Khamis [2] 1990)

1900	1913	1918	1929	1939	1944	1950	1960	1974	1980	1990	1999[1]
115,6	143,1	91,8	192,4	198,9	93,3	218,4	341,3	692,4	807,1	1 008,6	1 131,4

Sources : OCDE et Angus Madisson.

(1) Estimation.

(2) Il existe plusieurs méthodes pour mesurer les PIB de plusieurs pays sur une longue période et les comparer entre eux ; celle de R.S. Geary et S.H. Khamis détermine ce que l'on pourrait acheter avec le pouvoir d'achat du dollar d'une année donnée et les prix internationaux des marchandises de la même année à diverses époques et dans divers pays. On parle à ce propos d'une parité du pouvoir d'achat. Cela tient pour partie de la cuisine statistique, mais permet pourtant une approximation suffisante pour les comparaisons sur une longue période.

De profondes transformations

L'évolution du PIB a été accompagnée d'une profonde transformation de l'économie française. En un siècle,

Répartition de la production et de l'emploi par grands secteurs d'activité (en %)

	1950 [1]		1960		1970		1980	
	Pr	E	Pr	E	Pr	E	Pr	E
Agriculture, pêche, forêt	17	28,6	9,6	21,6	5,7	13,0	5,1	8,4
Industrie, énergie et BTP	43	35,0	47,8	37,0	51,3	38,6	49,1	35,2
Ensemble des services	40	36,4	42	41,4	43,0	48,4	45,8	56,4
	100	100	100	100	100	100	100	100

	1990		1997		1998 [2]	
	Pr	E	Pr	E	Pr	E
Agriculture, pêche, forêt	3,8	4,6	2,5	4,3	3,1	5,1
Industrie, énergie et BTP	42,1	28,9	33,8	24,9	26,1	24,6
Ensemble des services	51,1	66,5	63,7	70,8	70,8	70,3
	100	100	100	100	100	100

Sources : INSEE et comptes nationaux ;

Pr : production ; E : emploi.

(1) Pour 1950, la production est une estimation, les bases de calcul des branches n'étant pas les mêmes que celles des années suivantes.

(2) Les chiffres de 1998 correspondent aux nouvelles définitions de la comptabilité nationale. La nouvelle répartition entre les trois secteurs est notamment due à l'inclusion des chiffres des départements et territoires d'outre-mer dans la comptabilité nationale (ce qui tend à faire augmenter les pourcentages de l'agriculture et à minimiser ceux de l'industrie par suite de la structure de leur production). En outre, certaines activités – notamment de recherche industrielle –, qui ont été incluses dans les services, et une modification du calcul des services financiers augmentent la part des services dans l'évolution de la production.

la France passe d'une économie encore agricole à une économie postindustrielle où plus de 70 % des gens sont employés dans les services. Toutefois, il ne faut pas s'y tromper. Les productions agricoles et industrielles n'ont pas diminué, la croissance de la productivité* permet de les réaliser avec beaucoup moins de personnes et de diminuer très sensiblement leurs prix réels.

Après la belle croissance des trente glorieuses, les « vingt-cinq médiocres » marquent un fort ralentissement de la croissance ; pourtant, durant cette dernière période, le PIB double presque et l'économie française continue à se transformer.

La grande course mondiale des économies

L'économie française fait partie du peloton de tête des économies industrielles, mais elle est cependant aujourd'hui distancée par les poids lourds de l'économie.

Rien n'est jamais acquis

En 1820, toutes les estimations concordent, la Chine et l'Inde ont de loin les PIB* les plus élevés. L'économie française est encore la plus puissante d'Europe ; elle est suivie de près par la Russie et le Royaume-Uni, mais laisse l'Allemagne et les États-Unis loin derrière elle. Durant le XIXᵉ siècle, l'Inde et la Chine, enfermées dans des structures économiques d'une autre époque et contraintes par la domination économique, commencent à lâcher prise. Le Royaume-Uni, après avoir doublé la France, l'est dès 1870 par les États-Unis. Dès 1913, l'Allemagne passe devant la France. À la sortie du second conflit mondial, le Royaume-Uni

Les PIB des grandes puissances de 1820 à 1994
(en milliards de dollars Geary-Khamis [1] 1990)

	1820	1870	1900	1913	1939	1950	1960	1980	1990	1994
France	38,1	71,4	115,6	143,1	198,9	218,4	318,8	807,1	1 008,6	1 042,5
Allemagne	16,4	44,1	99,2	145,1	241,1	213,9	469,1	946,3	1 181,9	1 275,7
Royaume-Uni	34,8	95,6	176,5	214,5	286,9	344,9	448,9	719,5	935,9	961,0
Italie	22,0	40,9	62,6	93,4	151,1	161,4	290,6	738,6	931,0	953,6
Ex-URSS	38,0	83,6	154,0	262,4	430,3	465,6	843,4	1 709,0	1 989,0	1 365,7 [2]
États-Unis	12,4	98,4	312,9	518,0	864,0	1 457,7	2 022,2	4 164,0	5 464,8	5 903,0
Japon	21,8	25,5	50,0	68,9	196,0	156,5	364,8	1 531,6	2 291,5	2 441,8
Inde	94,1	118,5	147,4	166,9	201,8	214,3	318,9	637,2	1 116,0	1 188,1 [2]
Chine	199,2	187,1	260,6	300,9	399,7	335,5	585,6	1 434,2	3 257,2	3 615,6 [2]

Sources : OCDE et Angus Madisson.
(1) Voir note du tableau page 4.
(2) 1992. On notera que la méthode Geary-Khamis tend à réduire les écarts par rapport à un calcul en dollars courants. Dans certains cas, il peut même y avoir un bouleversement dans la hiérarchie des PIB. Ainsi, en dollars courants, le PIB du Japon serait aujourd'hui le deuxième du monde et celui de la Chine le troisième.

production   familles   entreprises   l'État

**Population et PIB par tête
des principales puissances mondiales en 1994**
(en millions d'habitants et en dollars Geary-Khamis[1] 1990)

	France	Allemagne	Royaume-Uni	Italie	Ex-URSS	États-Unis	Japon	Inde	Chine
Population (en millions)	58,0	66,8	58,7	58,1	293,4	261,5	125,2	881,2	1 167,0
PIB par tête	17 968	19 097	16 371	16 404	4 671[2]	22 569	19 505	1 348[2]	3 098[2]

Sources : OCDE et Angus Madisson.
(1) Voir note du tableau page 4.
(2) 1992.

est la troisième puissance du monde, derrière les États-Unis et l'URSS. Il n'est plus aujourd'hui que le huitième. Dépassé entre 1960 et 1980 par la France, il est talonné par l'Italie. Dans cette fin de siècle, l'économie des pays qui ont constitué l'URSS s'effondre tandis que des pays d'Asie sont dans le peloton de tête, toujours emmené par les États-Unis. Le Japon, qui était encore derrière l'Allemagne et le Royaume-Uni en 1960, devient en 1980 la troisième puissance du monde. Il le demeure en dépit du ralentissement de sa croissance, mais la deuxième puissance du monde est désormais la Chine.

La puissance ne fait pas toujours des habitants heureux

Le PIB d'un pays n'indique que de façon très médiocre la richesse de ses habitants. Tout dépend combien ils sont à se le partager et comment il est réparti entre eux. Si on prend le PIB par tête, les États-Unis demeurent aujourd'hui le pays le plus riche du monde après le petit Luxembourg. Quant aux Français, ils ont un PIB par tête près de six fois supérieur à celui de la Chine. Toutefois, dans ce dernier pays, les différences régionales et sociales sont énormes. L'est de la Chine concentre la plus grande partie des 200 millions d'habitants dont le niveau de vie est comparable à celui des Français, tandis qu'un milliard de Chinois ont un PIB par tête entre dix et quinze fois inférieur à celui des Français.

**Le PIB
n'est pas le BNB**

Le PIB ignore des choses essentielles à la vie mais non évaluables en monnaie. L'amitié, l'amour, la liberté ou encore la beauté du cadre de vie et l'éducation donnée par des parents à leurs enfants n'en font pas partie. Le produit intérieur brut n'est pas le bonheur national brut.

Les comparaisons dans l'espace et le temps montrent qu'une situation n'est jamais acquise et qu'il ne suffit pas à un pays d'être puissant pour donner richesse et bonheur à ses habitants.

Que faisons-nous de la production ?

On ne peut satisfaire les besoins d'une population que dans la limite des ressources que l'on possède, telle est la conséquence de la contrainte de rareté.

Utilisation finale et utilisation intermédiaire

Dans le tableau des emplois et des ressources, les biens et les services qui sont incorporés dans la production marchande d'autres biens n'apparaissent pas. Leur valeur (leur prix) se retrouve dans celle de la production finale (le PIB*) et bien entendu de ses emplois finaux.

L'équilibre fatal des emplois et des ressources marchandes

Dans un pays, pour une année donnée, les entreprises, les administrations et les ménages* produisent des biens et des services et les importations en procurent d'autres. Avec ces biens et ces services, on peut d'abord satisfaire la consommation. On peut aussi utiliser des ressources pour préparer l'avenir et garantir la croissance future en les utilisant à la formation brute du capital fixe* (FBCF) : les investissements* des entreprises, des ménages (la construction de logements), des administrations (les équipements collectifs*). Bien entendu, pour pouvoir acheter à des pays étrangers des biens et des services, il faut leur en vendre, aussi utilise-t-on une partie des res-

Le tableau des emplois et des ressources en France en 1998

	Ressources			Emplois								
	PIB	Importa-tions	Total	Consommation des ménages	Consommation des administrations (1) (2)	FBCF	dont			Variations de stocks et divers (4)	Exporta-tions	Total
							entreprises	ménages	administrations (1) (3)			
En milliards de francs	8 565	2 000	10 565	4 659	2 071	1 575	927	392	256	35	2 225	10 565
En milliards d'euros	1 305,7	304,9	1 610,8	710,2	315,7	240,1	141,3	59,7	39,0	6,3	4,2	1 610,6

Sources : INSEE et Comptes de la nation.
(1) Dépenses des administrations pour fournir des services non marchands (voir page 10).
(2) Y compris les dépenses d'institutions sans but lucratif de service aux ménages, autrefois appelées administrations privées.
(3) Y compris les dépenses de la FBCF (formation brute du capital fixe, autrement dit les investissements) pour des installations portuaires, hôpitaux, etc., destinés aux militaires. Par contre, toutes les dépenses d'armement, y compris pour la construction d'un porte-avions, sont considérées comme des dépenses de consommation des administrations.
(4) Dont 28 milliards de francs d'augmentation de stocks et 7 milliards d'acquisitions nettes (achats, ventes) d'objets de valeur.

production familles entreprises l'État

La répartition des emplois et des ressources en 1997 (en %)

	PIB	Importa-tions	Total des ressources	Consom-mation des ménages	Consom-mation des admi-nistrations	FBCF	Variation des stocks	Exporta-tions	Total des emplois
France [1]	81,5	19,5	100	48,6	15,8	13,9	− 0,2	21,9	100
Allemagne	77,5	22,5	100	49,5	9,3	16,3	1,4	23,5	100
Royaume-Uni	75,8	24,2	100	48,0	15,9	13,3	− 1,1	23,9	100
États-Unis	86,1	13,9	100	57,8	12,7	16,6	0,6	12,3	100
Japon	89,5	10,5	100	52,7	8,1	26,9	0,2	12,0	100

Sources : INSEE et *Eurostat*.

(1) Pour la France, la répartition en pourcentage de 1997 est différente de celle de 1998 du fait de la mise en vigueur du nouveau système de comptabilité nationale.

sources en biens et services dont on dispose pour produire les biens et les services exportés. Enfin, certains biens sont stockés et d'autres proviennent des stocks constitués les années précédentes (la variation des stocks). Au total, l'équilibre des emplois et des ressources* est fatal ; il s'agit ni plus ni moins des mêmes biens et services qui sont comptabilisés d'une part en fonction de leur origine (la production et les importations) et d'autre part en fonction de leur utilisation.

L'utilisation du total des ressources varie d'un pays à un autre

Plus une économie est grande, plus son ouverture (le pourcentage de ses importations dans les ressources et de ses exportations dans les emplois) est faible. De son côté, le pourcentage des ressources consacrées à la consommation des administrations est dû en partie à la nature des services qu'assurent les administrations. C'est notamment le cas au Royaume-Uni, où la plupart des médecins sont des fonctionnaires. On notera aussi le chiffre de la FBCF japonaise, qui est dû en 1997 aux investissements que le gouvernement a réalisés pour relancer l'économie, alors que l'investissement des entreprises et la consommation des ménages* manquaient de dynamisme.

> L'équilibre des emplois et des ressources permet de comprendre ce qu'un pays fait des ressources en biens et en services dont il dispose.

La production non marchande des administrations

Les administrations ne sont pas de simples pompes aspirantes et « refoulantes » des revenus, elles produisent aussi des services.

Les administrations produisent des services indispensables

Les administrations prennent des revenus aux uns pour verser aux autres (ce sont notamment les prestations sociales, les intérêts versés des emprunts qu'elles ont contracté ou encore les traitements des fonctionnaires). Grâce à leurs salariés et à leurs achats aux entreprises, elles produisent des services qui, contrairement à ceux des entreprises, ne sont pas vendus sur le marché. On a une évaluation des services non marchands des administrations par les dépenses de consommation des administrations.

Les dépenses publiques augmentent différemment

L'augmentation des dépenses publiques (qu'elles soient destinées à la production de services ou à la redistribution des revenus) est générale. Les différences dépendent essentiellement du financement de la santé et des retraites. Ainsi, aux États-Unis, ce sont des assurances privées et non des administrations qui garantissent principa-

(1) Y compris les services de consommation individuelle fournis aux ménages par les institutions sans but lucratif, soit en 1998 un peu plus de 49 milliards de francs.
(2) Dans les dépenses de consommation des administrations, qui représentent leurs dépenses consacrées à leur production de services non marchands, on distingue depuis 1998 d'une part les dépenses dont on peut déterminer les bénéficiaires (la consommation finale individuelle), en particulier les prestations sociales en nature ou encore les dépenses d'éducation, d'autre part celles qui bénéficient à tout le monde (la consommation finale collective), notamment celles destinées au fonctionnement des pouvoirs publics et à la sécurité.

Les services non marchands fournis par les administrations en 1998 [1]

Source : comptes nationaux.	Dépenses des administrations pour assurer la consommation finale individuelle [2]	Dépenses des administrations pour assurer la consommation finale collective [2]	Total des services non marchands fournis par les administrations (ou production non marchande des administrations) [2]
En milliards de francs	1 257	814	2 071
En milliards d'euros	191,6	124,1	315,7

production   familles   entreprises   l'État

L'importance des dépenses publiques totales (en % du PIB)

Source : OCDE.	1960	1970	1980	1990	1999
France	34,5	38,9	46,4	49,9	53,4
Allemagne	32,5	38,6	48,4	46	46,7
Royaume-Uni	32,4	39,2	45,1	42,1	39
Italie	30,1	34,2	41,6	53	49,1
Suède	31,1	43,7	61,6	61,4	58,6
État-Unis	27,5	32,4	33,7	36,5	31,6
Japon	18,2	19,4	32,6	32,3	35,5

Destination des prélèvements obligatoires de 1959 à 1998
(en % et en milliards de francs et d'euros en 1998)

Sources : Méraud TEEF et comptes nationales.	1959	1970	1980	1990	1995 [2]	1998 [2]	1998 [2] en milliards de francs et d'euros	
Administrations centrales [1]	59	53,2	43,3	38	38,1	38,9	1500	228,5
Administrations locales [1]	15,1	9,7	11,2	14	12,6	12,9	493	75,2
Sécurité sociale *dont impôts*	25,9 0,0	37,0 1,0	44 1,4	45,8 1,9	46,5 4,5	45,8 10,4	1763 400,9	268,8 61,1
Union européenne	0	0,1	1,5	2,2	2,8	2,4	92	14
Total	100	100	100	100	100	100	3848	586,6

(1) Après transfert des recettes entre administrations publiques* et, à partir de 1990, des versements de l'État à l'UE.

(2) Pour 1995 et 1998, il s'agit des calculs selon la nouvelle comptabilité nationale. Par rapport aux années précédentes, les chiffres incluent dorénavant les DOM et TOM ; un certain nombre d'impôts*, notamment locaux, par exemple l'impôt sur l'enlèvement des ordures, ne sont plus considérés comme des impôts mais comme des paiements de services. On notera la croissance rapide de la part de l'impôt dans le financement de la Sécurité sociale grâce à la CSG.

lement les habitants contre les risques de la vie ; au Japon, cette fonction est plus directement dévolue aux entreprises.

Il y a administrations et administrations

À côté des administrations centrales (principalement financées par le budget* de l'État), il existe des collectivités locales* (principalement constituées par les régions, les départements, les communes), la Sécurité sociale* et enfin des institutions internationales, notamment européennes. La destination des prélèvements obligatoires* permet d'avoir une première approche de l'importance respective de chacune d'entre elles.

> Les administrations produisent des services indispensables et redistribuent des revenus, mais leur financement devient difficile.

collectivités locales   Sécurité sociale   Europe   approfondir

Des revenus à la consommation des familles

Les revenus des familles, en se transformant en dépenses, déterminent l'utilisation de la majeure partie des ressources disponibles et stimulent la production des entreprises.

Les familles ont des revenus variés

La part des prestations sociales a considérablement augmenté. Les Français assuraient autrefois leur sécurité par l'épargne individuelle, ils le font aujourd'hui grâce à la Sécurité sociale*. On constate aussi une diminution des revenus provenant directement des entreprises. La montée du salaire indirect* (les prestations sociales*), l'augmentation du nombre des fonctionnaires, le chômage, qui a entraîné une baisse de l'emploi dans les entreprises, la concentration économique, qui a provoqué

Provenance des revenus des familles françaises (en %)								
	1938	1962	1970	1979	1990	**1997**		
						en %	en milliards	
							de francs	d'euros
Entreprises Salaires nets* (1)	36,0	34,4	36,4	32,8	28,2	26,5	1 778	271
Revenus de l'entreprise et de la propriété (2)	34,0	31,1	27,4	24,2	22,1	21,7	1 459	222
Administrations Salaires nets	5,5	8,1	8,9	8,6	9,5	10,6	712	108
Prestations sociales (3)	5,0	16,7	19,2	25,0	28,6	30,6	2 069	315
Secours et transferts divers (4)	4,5	4,1	2,6	2,6	2,1	1,9	128	19
Banques Revenus des placements financiers	13,5	3,1	4,6	4,6	8,1	8,3	550	84
Revenus en provenance de l'étranger	1,5	2,5	1,5	1,5	1,4	0,4	26	4

Source : INSEE.
(1) Y compris les salaires versés par les institutions de crédit et les assurances, soit 1,5 % du revenu des ménages, soit 183 milliards sur 1 327 milliards de francs en 1997.
(2) Profits, revenus de l'exploitation agricole, loyers et fermages, revenus estimés des jardins familiaux.
(3) Y compris les prestations directement versées par les entreprises et les administrations à leurs salariés.
(4) Assistance sociale et aides diverses.
 En attendant la publication de nouvelles séries longues, par suite des modifications importantes de l'évaluation du revenu des ménages dans les comptes de 1998, nous ne donnons l'évolution de la répartition du revenu des ménages que jusqu'en 1997.

Du revenu à la consommation
(en milliards de francs courants*)

	Revenu avant impôt	Taux de pression fiscale (1)	Revenu disponible	Taux d'épargne brute (2)	Taux d'épargne financière (2)	Consom-mation
1960	227,5	5,3	215,5	15,2	5,7	182,7
1970	600,0	6,2	562,6	18,7	5,8	457,2
1980	2 166,0	7,8	1 996,6	17,6	5,1	1 645,1
1990	4 582,3	8,2	4 412,9	12,5	3,1	3 861,3
1997	6 325,8	10,1	5 685,3	14,6	7,9	4 857,3
Croissance 1960-1997 (en francs constants)	+ 345 %		+ 327 %			+ 329 %
1998 (3)	6 292,6	12,3	5 518	15,6	6,8	4 658,7

la diminution du nombre de travailleurs indépendants, sont les principaux facteurs de cette mutation.

Tous les revenus ne vont pas à la consommation

Une partie des revenus perçus sert à payer les impôts* dus directement par les familles, une autre est épargnée. Plus on est riche, plus on épargne, mais une partie de l'épargne tient aussi à des comportements de précaution. Ces dernières années, la menace du chômage provoque une épargne de précaution de la part de ceux qui redoutent les pertes d'emplois. Dans les placements, la part des actifs non financiers autres que le logement chute (33 % des actifs en 1970 contre un peu plus de 8 % aujourd'hui). Cette baisse va de pair avec celle du nombre des entrepreneurs individuels et du prix des exploitations agricoles. Le déclin relatif de la part des logements (leur part, après avoir augmenté de 33,6 % en 1970 et de près de 46 % en 1985, a rechuté à moins de 40 %) est lié à la fin de la crise du logement, à la baisse de la natalité et au développement de l'union libre. Les placements financiers*, qui ne représentaient qu'un tiers des actifs, sont maintenant majoritaires. Avec la fin de l'inflation*, l'envolée des cours boursiers et l'augmentation du nombre des cadres, la part des placements en valeurs mobilières et en assurance-vie augmente rapidement (elle représente plus du tiers des actifs contre seulement un peu plus de 15 % en 1970).

Sources : INSEE et comptes nationaux.
(1) Pourcentage du revenu avant impôt.
(2) Pourcentage du revenu disponible*.
(3) En 1998, le calcul du revenu avant impôt a été profondément modifié ; dorénavant, les remboursements des prestations sociales en nature (notamment les soins médicaux) ne sont plus pris en compte ; par ailleurs, le calcul de l'épargne et des revenus de la propriété et de l'entreprise ont aussi été changés ; les chiffres de 1998 ne sont plus totalement comparables aux séries longues de l'ancienne comptabilité nationale. Le revenu avant impôt et la consommation sont minimisés. Rappelons aussi que les nouveaux comptes nationaux incluent les DOM et TOM.

Les évolutions de l'origine des revenus, de l'épargne et du patrimoine* reflètent les profondes transformations de l'économie

L'évolution de la consommation des familles

Par leur consommation, les familles satisfont les besoins qui peuvent l'être par des achats de biens et de services.

La répartition de la consommation des ménages français de 1960 à 1998

	1960 en %	1970 en %	1980 en %	1990 en %	1997 en %	1997 (en milliards de francs courants et d'euros)	Croissance de 1970 à 1997 en francs 1980	Répartition de la consommation effective des ménages en 1998 (en %) (2)
Alimentation	34,5	26,0	21,4	19,2	18,0	871 132,8	+ 44,0 %	14,5
Habillement	10,2	9,6	7,3	6,5	5,2	253 38,6	+ 13,2 %	4,2
Logement	9,7	15,3	17,5	18,9	22,5	1 093 166,6	+ 135,0 %	20,2
Équipement du logement	10,9	10,2	9,5	7,9	7,3	357 54,4	+ 50,8 %	5,1
Transports et télécoms	9,5	13,4	16,6	17,0	16,2	789 120,3	+ 126,2 %	13,1
Santé	6,9	7,1	7,7	9,5	10,2	498 75,9	+ 281,6 %	10,9
Culture et loisirs	5,5	6,9	7,3	7,6	7,4	361 55,0	+ 175,0 %	15,3
Divers	12,2	11,5	12,6	13,0	13,0	635 96,8	+ 85,0 %	16,7 (3)
Total	100,0	100,0	100,0	100,0	100,0	4 857 740,4 (1)	+ 98,9 %	100,0

Sources : INSEE et comptes nationaux.

(1) Y compris la consommation non marchande.

(2) L'évaluation de la consommation pour 1998 n'est pas entièrement comparable à celle des années précédentes. Pour avoir des données se rapprochant le plus de la consommation telle qu'elle était définie avant 1998, il faut ajouter à la consommation finale celle représentant les dépenses des administrations au profit des ménages. On obtient ainsi la consommation effective des ménages. Signe de la socialisation de la vie, 21,2 % de la consommation effective des ménages passe par des dépenses des administrations. Par rapport aux années précédentes, la modification du calcul des dépenses d'alimentation et la prise en compte des dépenses d'éducation assurées par les administrations tendent à restreindre la part de l'alimentation plus encore que la plupart des autres rubriques.

(3) Une partie de la consommation effective assurée par les administrations (5,7 %) n'a pu être répartie dans les rubriques précédentes et vient gonfler la part des dépenses diverses, dans lesquelles se trouvent aussi les dépenses en hôtels, cafés et restaurants (5,8 %).

production | familles | entreprises | l'État

Une augmentation considérable, mais pas pour tout le monde

Depuis 1960, la consommation des familles françaises en volume (en francs constants*) a été multipliée par 3,4 ; et par 2 de 1970 à 1998. Depuis 1970, tous les Français, et notamment les familles de chômeurs, n'ont pas profité d'une telle amélioration. La consommation de 15 millions d'entre eux, soit le quart de la population, a stagné ou régressé. Celle des trois quarts des Français a, par contre, plus que doublé.

> **Payez vos impôts en roulant**
>
> Le prix d'un litre d'essence comprend en moyenne plus de 80 % d'impôts* (TVA* et taxes sur les produits pétroliers), qui, en 1998, ont rapporté 186 milliards de francs à l'État. Au total, l'automobile supporte 267 milliards de taxes et de redevances spécifiques, presque le montant de l'IRPP (impôt sur le revenu des personnes physiques).

Toutes les consommations n'augmentent pas au même rythme

Au fur et à mesure de l'augmentation des revenus des Français, leurs dépenses d'alimentation et d'habillement perdent de leur importance. Ils préfèrent vivre dans des logements plus confortables, mieux chauffés et mieux éclairés, se soigner, se distraire et se déplacer plus qu'autrefois. Ils consomment ainsi de plus en plus de services. En 1997, ils consacraient 47,4 % de leur consommation aux services, contre 27,9 % en 1960 et 36,6 % en 1980. Si on tient compte des services que leur procurent les administrations, ce pourcentage est proche de 60 %. Or le prix des services a tendance à croître plus vite que ceux des autres produits, car les progrès de la productivité* y sont plus faibles ou n'ont pas de sens. La hausse du prix des services a le plus souvent été le double de celle des produits manufacturés. En 1999, elle a même été de 1,1 %, alors que les prix des produits manufacturés baissaient de 0,4 %. La croissance des prix dans le secteur privilégié par les ménages* diminue l'impact psychologique de l'arrêt de l'inflation* et de la baisse du prix réel des produits manufacturés.

> La consommation des Français comprend une part croissante de services dont les prix continuent à croître tandis que les prix des produits manufacturés baissent.

L'investissement des entreprises

L'investissement des entreprises en capital fixe est le nerf de la guerre économique, il permet leur développement et la croissance de l'ensemble de l'économie.

La demande commande l'investissement

Tout ralentissement de la croissance se traduit par une diminution du taux d'investissement*, toute reprise l'augmente. Dans l'agriculture, la mise en place de la politique agricole commune (PAC), garantissant les prix et des débouchés, a permis l'élévation du taux d'investissement, suivie par sa chute lorsque la PAC a été révisée. L'investissement du commerce et des services résiste d'autant mieux aux ralentisse-

Taux d'investissement et FBCF* des entreprises pour les principales branches marchandes (1) et l'ensemble de l'économie française (2) (en %)

	Agriculture et IAA	Industrie	Dont industrie manu-facturière	BTP et génie civil et agricole	Commerces et services marchands	Ensemble des entreprises
1960	10,8	21,3	21,0	6,9	6,8	14,7
1970	16,4	21,2	18,4	10,5	15,1	14,9
1980	19,7	18,5	13,8	10,9	15,9	14,2
1985	14,6	16,9	13,4	9,2	14,5	12,2
1990	15,2	18,2	17,3	8,5	18,0	13,9
1997	13,4	13,5	12,9	7,5	17,8	11,4
1997 (en milliards de francs courants et d'euros)	68,0 10,4	217,8 33,2	90,9 13,9	24,9 3,9	405,3 61,8	763,6 116,4

Sources : INSEE et comptes nationaux.

(1) Le taux d'investissement par branche est le rapport en pourcentage de la FBCF de la branche sur la valeur ajoutée* de la branche. Nous ne donnons aucune donnée pour 1998, car les nouvelles définitions et les chiffres actuellement publiés ne permettent pas une comparaison avec les séries précédentes. Signalons cependant qu'en 1998 on a assisté à une reprise vigoureuse de l'investissement dans la construction et dans les services, tandis que l'investissement dans l'agriculture a stagné.

(2) Le taux d'investissement productif de l'ensemble de l'économie est le rapport en pourcentage de la FBCF des entreprises sur le PIB marchand, qui, contrairement à la valeur ajoutée des branches, est calculé TVA* incluse ; comme la consommation du tableau des emplois et des ressources*, ce calcul du PIB minimise le taux d'investissement productif de l'ensemble de l'économie par rapport à celui des branches.

production familles entreprises l'État

Un siècle de taux réels d'intérêt à long terme [1]									
	1900 1913	1955 1959	1960 1973	1974 1979	1980 1984	1985 1989	1990 1995	1996	1997	1998
Taux (en %)	2,0	0,3	1,4	– 0,9	3,1	5,1	5,9	4,2	4,2	3,6

Sources : INSEE et OCDE.
(1) Taux d'intérêt moyen des emprunts à échéance de 10 ans moins le taux d'inflation.

ments que les entreprises et les ménages* développent leurs achats de services marchands et que le commerce est transformé par l'apparition des grandes surfaces. Le taux d'investissement des BTP, qui a toujours été faible par suite des techniques employées, subit après 1980 les conséquences de la chute de la construction et des grands travaux. Dans le domaine industriel, si le taux d'investissement de l'ensemble de l'industrie se maintient jusqu'en 1980, c'est principalement grâce à la construction des centrales nucléaires.

Il y a investissement et investissement

Des investissements immatériels de plus en plus pesants

Peu prises en compte dans le calcul de l'investissement, la formation, la publicité, la recherche, la mise en place de systèmes informatiques représentent des sommes supérieures à la moitié de celles consacrées aux investissements matériels.

La demande ne suffit pas à expliquer l'investissement, il faut aussi que l'investissement rapporte un taux de profit supérieur aux taux d'intérêt* à long terme. Or, ces dernières décennies, les taux d'intérêt à long terme ont moins baissé que l'inflation* et n'ont jamais été aussi élevés. Toutefois, une entreprise ne peut s'arrêter d'investir. Quand les taux d'intérêt réels à long terme sont élevés, elle préfère les investissements qui lui permettront d'accroître rapidement la productivité* et ses profits. Ils exigent moins d'immobilisations que les investissements qui augmentent la capacité de production et sont plus rapidement amortissables. S'il lui reste des disponibilités, elle les place. Cela ne facilite guère la résorption du chômage.

Le taux d'investissement des entreprises dépend essentiellement de la demande, du taux d'intérêt à long terme, du taux de profit et du choix entre l'investissement de capacité et l'investissement de productivité qui en découle.

Le financement
des investissements

Une entreprise peut financer un investissement de plusieurs façons, mais, de toute manière, elle doit faire des profits ou espérer en faire.

L'excédent brut d'exploitation joue un rôle déterminant

L'excédent brut d'exploitation* des entreprises leur permet de payer les intérêts et les impôts* sur le revenu qu'elles doivent, de verser des dividendes, de réaliser des investissements* ou de rembourser des dettes. Il dépend largement du partage de la valeur ajoutée entre les salariés (la rémunération des salariés*, y compris les charges sociales patronales) et l'entreprise. Pour l'ensemble des entreprises, la part de l'excédent brut d'exploitation dans la valeur ajoutée* n'est pas encore revenue à son niveau de 1970. Toutefois, en ce qui concerne les sociétés, elle l'a dépassé, grâce notamment à une baisse très forte de la part des rémunérations salariales depuis 1982. Les investissements de productivité* réalisés depuis cette époque permettent ainsi aux entreprises, notamment aux plus grandes, de réaliser un excédent, même quand la conjoncture est relativement médiocre.

Investisseurs institutionnels et stratégie industrielle

Les banques, les assurances et surtout les fonds de pension anglo-saxons deviennent les principaux actionnaires des entreprises. Pour les satisfaire, les entreprises privilégient parfois des placements financiers aux dépens de leur stratégie industrielle.

Le partage de la valeur ajoutée (en % et en milliards de francs et d'euros)

Sources : INSEE et comptes nationaux.	1970	1980	1982	1990	1997	1997 (en milliards de francs et d'euros)
Rémunération des salariés par les entreprises	50,2	56,9	57,4	51,9	52,9	2 778,6 / 429,6
Dont sociétés	63,7	68,3	68,8	60,4	59,7	2 598,0 / 396,1
Excédent brut d'exploitation des entreprises	45,4	37,9	37,8	42,1	41,0	2 155,8 / 328,5
Dont sociétés	30,8	25,8	25,6	32,5	32,3	1 407,6 / 214,3

production   familles   entreprises   l'État

FBCF des sociétés non financières, autofinancement et marché financier [1]
(en milliards de francs et d'euros)

	1990	1991	1992	1993	1994	1995	1996	1997 [2]
FBCF	666,9 / 101,7	694,3 / 105,8	700,8 / 106,8	639,6 / 97,5	650,6 / 99,2	673,1 / 102,6	676,0 / 103,1	674,8 / 102,9
Épargne brute des sociétés	596,0 / 90,8	654,0 / 99,7	664,5 / 101,3	664,5 / 101,3	743,5 / 113,3	773,4 / 117,9	757,8 / 115,5	798,1 / 121,7
Investissements financiers	366,8 / 55,9	185,3 / 28,2	251,6 / 38,3	217,9 / 33,2	282,1 / 43,0	210,4 / 32,1	350,1 / 53,4	252,1 / 38,4
Appels au marché financier	292,5 / 44,6	302,7 / 46,1	293,5 / 44,7	286,2 / 43,6	280,9 / 42,8	276,4 / 42,1	377,2 / 57,5	350,1 / 53,4

Sources : INSEE et comptes nationaux.

(1) Ces rubriques ne couvrent ni la totalité des investissements (il existe notamment un investissement en stocks ou encore en terrains), ni la totalité des ressources financières dont peut disposer une entreprise (l'entreprise peut ainsi emprunter à moyen ou court terme), ni la totalité des emplois qu'elle peut faire de ses ressources financières (l'entreprise peut notamment prêter à court et à long terme ou encore intervenir sur le marché des changes et le marché monétaire).

(2) À la date de rédaction, les comptes financiers de 1998 n'ayant pas été publiés, nous nous arrêtons aux comptes de 1997.

Investissements productifs et investissements financiers

Aujourd'hui, l'épargne des sociétés non financières (la part de l'excédent brut d'exploitation qui leur reste une fois payés les intérêts et les impôts qu'elles doivent) a atteint un niveau record. Elle est devenue supérieure à la FBCF*. Cela n'empêche pas les sociétés d'émettre des actions et des obligations. Les ressources qu'elles se procurent sur le marché financier leur servent principalement à prendre des participations dans d'autres entreprises ou encore à réaliser des placements financiers* qui leur rapportent plus que leurs investissements productifs. Peu de PME ont cette possibilité. En tout cas, en 1997, dans l'actif des sociétés, ceux de nature financière (qu'ils soient ou non liés à la participation dans d'autres entreprises), représentent près de 63 % des actifs, contre un peu plus de 40 % en 1970 et 33 % en 1980. Quant aux actifs directement productifs (hors logements, stocks, terrains, actifs incorporels, brevets), ils représentent maintenant moins de 25 % des actifs.

Aujourd'hui, les sociétés peuvent autofinancer leurs FBCF ; les actions et les obligations qu'elles émettent leur servent surtout à augmenter leurs placements.

Les échanges extérieurs de l'économie française

Les entreprises vendent une part croissante de leur production à l'étranger et nous y achetons une part croissante de ce que nous consommons.

Une profonde transformation géographique de nos échanges

Durant la dépression des années 1930, l'économie française s'est progressivement repliée sur sa chasse gardée coloniale. À la veille de l'ouverture du marché, cette dernière représentait encore 37 % des exportations françaises. Avec la construction européenne, le marché extérieur français est devenu majoritairement européen. En ce qui concerne l'équilibre des échanges, si nous sommes maintenant très excédentaires vis-à-vis des pays de l'UE, nous demeurons déficitaires vis-à-vis des autres pays de l'OCDE, à cause principalement du Japon et des États-Unis. Par contre, nous sommes devenus excédentaires vis-à-vis du reste du monde, autrement dit des pays que l'on dit à bas salaires.

Évolution de la structure des exportations par grandes zones géographiques (en %)

	1950	1958	1966	1970	1980	1990	1998
Union européenne	20 (à 6)	22 (à 6)	42 (à 6)	48,3 (à 6)	50,2 (à 10)	66,3 (à 12)	62,8 (à 15)
Autres pays de l'OCDE dont États-Unis et Canada	28 4	25 7	28 7	25,7 6,2	19,7 5	15,3 7,2	15,1 7,4
Étranger hors OCDE	16	16	16	15	21,4 [2]	11,4 [2]	16 [1]
Zone franc [1] dont DOM et TOM	36 5	37 5	14 3	11 2,5	8 1,5	7 1,3	6 1,2

Source : Direction générale des douanes.
(1) Pour 1998, estimation, car désormais les échanges avec les DOM et TOM font partie des échanges internes de la France.
(2) La part des exportations de 1980 et 1990 vers les pays hors OCDE est liée au choc puis au contre-choc pétrolier, l'augmentation du prix du pétrole ayant permis une augmentation du pouvoir d'achat des pays pétroliers, que la baisse leur a fait perdre. L'augmentation de cette part en 1998 est consécutive au développement des échanges avec l'Asie.

production   familles   entreprises   l'État

Soldes des échanges extérieurs et importations et exportations en 1997 [1]
(en milliards de francs)

	Agriculture et IAA	Énergie	Produits manufacturés	Dont armement	Total des biens	Total des services	Total général
1970	− 2,8	− 10,8	+ 6,7		− 6,9	+ 11,1	+ 4,2
1980	+ 10,8	− 133,5	+ 35,1	+ 12,0	− 87,6	+ 53,3	− 34,3
1985	+ 29,5	− 181,9	+ 83,0	+ 30,4	− 69,4	+ 100,7	+ 31,3
1990	+ 51,1	− 93,3	− 58,6	+ 28,3	− 100,8	+ 99,0	− 1,8
1995	+ 51,7	− 59,2	+ 53,0	+ 7,2			
1997 (dont tourisme)	+ 68,6	− 85,8	+ 166,6	+ 23,9	+ 149,7	+ 170,8 + 66,2	+ 320,5
Exportations (en milliards de francs et d'euros)	+ 243,8 + 37,2	+ 43,8 + 6,8	+ 1 425,7 + 217,3	+ 27,4 + 4,2	+ 1 713,4 + 261,2	+ 455,2 + 69,4	+ 2 168,6 + 330,6
Importations (en milliards de francs et d'euros)	− 175,0 − 26,7	− 129,6 − 19,8	− 1 259,1 − 191,9	− 3,5 − 0,5	− 1 563,7 − 238,4	− 284,4 − 43,4	− 1 848,1 − 281,7

Source : INSEE et comptes nationaux.

(1) Pour 1998, les DOM et TOM étant désormais inclus dans les comptes nationaux, les exportations de biens et de services s'élèvent à 2 224 milliards de francs, dont 411 milliards de services ; les importations s'élèvent à 2000 milliards, dont 305 milliards de services. Soit au total un excédent de 225 milliards. La baisse de l'excédent est due principalement à l'inclusion des DOM et TOM dans les comptes de la France ; cela relativise les résultats antérieurs à 1997, puisque l'excédent du commerce avec les DOM et TOM est payable en francs et non en devises ; les excédents des échanges avec l'extérieur camouflent parfois en fait d'importants déficits dans les échanges payables en devises.

Les services plus bénéficiaires que les biens

L'attention des Français est souvent polarisée par l'évolution du solde de nos échanges extérieurs* de marchandises. Il est naturellement heureux que la balance commerciale* de la France soit devenue positive. Grâce aux échanges extérieurs, l'industrie française sauve désormais des emplois. Il ne faudrait cependant pas oublier que la France est, derrière les États-Unis, le deuxième exportateur mondial de services.

> **Des mouvements de capitaux supérieurs au PIB**
>
> En 1998, les investissements* en portefeuilles (les achats de valeurs mobilières) ont entraîné 19 961 milliards de francs d'entrées et 20 266 milliards de sorties de capitaux. Plus de 2 fois et demi dans chaque sens le PIB* de 1998 et près de 12 fois les exportations de biens.

> La France a considérablement amélioré la structure et l'équilibre de ses échanges avec l'extérieur.

Du budget de la nation à celui de l'État

Le budget de l'État n'est pas simplement la prévision des dépenses et des recettes de l'État, il est un élément essentiel de la politique et de la vie économique.

Gouverner l'économie par une politique budgétaire

Pour l'économiste britannique Keynes (1883-1946), plus de dépenses budgétaires, voire un déficit, freinent la récession et le chômage ; plus de dépenses freinent l'inflation. Les fluctuations cycliques sont ainsi atténuées. Cette politique a facilité la croissance des trente glorieuses.

Il ne suffit pas de décider des dépenses et des recettes

La prévision des dépenses et des recettes de l'État dépend très largement de l'évolution économique. Plus la croissance est vive, plus les recettes fiscales augmentent, sans pour autant créer de nouveaux impôts*, et plus on peut envisager des dépenses nouvelles. L'établissement du budget* de l'État impose des hypothèses concernant l'évolution économique. Le budget de 1998 tablait ainsi sur l'accélération progressive de la reprise économique. Cette prévision s'est révélée en dessous de la réalité. Les crises asiatique, russe et brésilienne ont par contre pesé sur la préparation du budget de 1999. Heureusement, en cours d'année, la reprise en Asie fut plus importante que prévue. En 2000, le FMI prévoit même une croissance mondiale de 3,5 %. L'exécution du budget 1999 a été aisée et la préparation du budget 2000 placée sous le signe de l'optimisme. Malheureusement, toutes ces anticipations peuvent être remises en cause par

Une décennie de croissance du PIB (en %)													
	90	91	92	93	94	95	96	97	98 p	98 r	99 p	99 P	00 p
France	2,5	0,8	1,2	−1,3	2,6	2,0	1,3	2,2	2,7	3,2	2,7	2,3	3,0
Allemagne	5,7	5,0	2,2	−1,2	2,7	1,8	1,4	2,2	2,9	2,6	2,7	1,5	2,5
Royaume-Uni	0,4	−20	−0,5	2,1	4,3	2,7	2,2	3,4	2,7	2,3	1,6	1,1	2,4
Italie	2,2	1,1	0,6	−1,2	2,2	2,9	0,7	1,5	2,2	1,8	2,4	1,4	2,5
États-Unis	1,2	−0,9	2,7	2,3	3,5	2,3	3,4	3,9	2,7	3,9	1,9	3,7	2,6
Japon	5,1	3,8	1,2	0,3	0,7	1,4	4,1	0,8	2,5	−2,0	1,0	−1,0	1,5
Total OCDE	2,8	1,0	1,9	0,9	2,8	2,2	2,8	2,9	2,7	2,9	2,1	2,2	2,6

Sources : OCDE et Direction de la prévision ; p : prévision au moment de la préparation du budget ; r : réalisation ; P : prévision au 30 septembre 1999. Au 1er janvier, la prévision pour 2000 est de plus de 3,5 %, et celle de 1999 est proche de 2,8 %.

prodution   familles   entreprises   l'État

Une décennie d'augmentation des prix à la consommation privée (en %)

	90	91	92	93	94	95	96	97	98 p	98 r	99 p	99 P	00 p
France	2,9	3,2	2,4	2,3	2,1	1,7	2,0	1,3	0,9	0,3	1,3	0,7	1,0
Allemagne	2,7	3,7	4,7	4,1	3,0	1,7	2,0	1,9	1,3	0,9	1,4	0,7	1,2
Royaume-Uni	5,5	7,5	5,0	3,4	2,3	2,6	2,5	2,4	2,3	2,1	2,2	2,4	2,4
Italie	6,3	6,9	5,6	5,1	4,6	5,7	4,4	2,4	2,3	2,4	2,2	1,7	1,5
États-Unis	5,1	4,2	3,3	2,7	2,4	2,3	2,2	1,9	1,1	0,8	2,7	1,3	1,8
Japon	2,6	2,5	1,9	1,2	0,7	−0,5	0,1	1,6	1,0	0,4	−0,3	−0,6	−0,6
Total OCDE (1)	4,6	4,5	3,5	3,0	2,4	2,1	2,0	1,9	1,4	1,3	1,9	1,2	1,4

Sources : OCDE et Direction de la prévision ; p : prévision au moment de la préparation du budget ;
r : réalisation ; P : prévision au milieu de l'année.

(1) Moins les pays à forte inflation (supérieure à 10 % par an) : Grèce, Hongrie, Mexique, République tchèque et Turquie.

une crise boursière qui stopperait brutalement la croissance américaine. La prévision, disait l'humoriste Pierre Dac, est surtout difficile quand elle concerne l'avenir.

La politique keynésienne en difficulté

Dans les années 1970, le chômage a été de plus en plus lié aux transformations des entreprises et l'inflation à l'augmentation des coûts. Ne dépendant plus des fluctuations cycliques, l'inflation et le chômage sont devenus concomitants et peu sensibles à la politique keynésienne.

L'évolution des prix pèse aussi lourdement sur l'établissement du budget

Si les prix augmentent, les dépenses publiques exprimées en francs courants* augmentent, même si leur niveau en francs constants* est inchangé. Heureusement, certaines recettes, notamment les impôts sur la production tels que la TVA*, sont en quelque sorte indexées sur l'inflation*. Du côté des dépenses, pour freiner l'augmentation des prix en ralentissant celle de la demande publique, on a tendance à sacrifier ce qui peut être remis à plus tard, notamment les investissements*. Aujourd'hui, la France a un des taux d'inflation les plus bas du monde et la hausse des prix pèse moins lourdement sur l'établissement du budget de l'État. Malheureusement, toute médaille a un revers : l'arrêt de l'inflation ne permet plus de gommer le poids de la dette publique en la remboursant en monnaie dévalorisée.

Le budget de l'État est établi en fonction d'hypothèses sur l'évolution économique et tente d'influencer cette évolution.

Le rôle de la politique budgétaire

La politique budgétaire française tente aujourd'hui de mieux assurer que par le passé la durabilité de la croissance.

Absorber les à-coups de la conjoncture

La politique budgétaire peut permettre de soutenir l'activité économique quand elle ralentit. Encore faut-il que le pays connaissant ce ralentissement ait une marge de manœuvre. Cela suppose que le déficit soit maintenu dans des limites acceptables et n'oblige pas le gouvernement soit à amputer certaines dépenses, soit à accroître les impôts*, ce qui ne ferait qu'aggraver le ralentissement de l'économie. En prévoyant une réduction de 21 milliards de francs du besoin de financement* de l'État, le budget* de 1999 élargit la marge de manœuvre du gouvernement.

Réorienter les dépenses budgétaires

Une grande partie des dépenses publiques est déterminée par le passé. Les salaires et les pensions versés par l'État dépendent du nombre de fonctionnaires déjà engagés et de leur âge, de la charge de la dette, des déficits budgétaires antérieurs, des dépenses d'investissement* d'engagements passés (il faut par exemple plusieurs années pour construire un porte-avions). En maîtrisant mieux la croissance spontanée des dépenses obligatoires, et notamment la charge de la dette*, le gouvernement peut plus aisément financer les dépenses qu'il juge prioritaires. Toutefois, ce redéploiement touche rarement plus de 5 % des dépenses budgétaires : le budget de l'État est un énorme paquebot qui ne se manœuvre pas facilement.

Les dépenses définitives ne donnent lieu à aucun remboursement ; qu[and] un fonctionnaire est payé, il ne rembourse pas son traitement. À côté de ces dépen[ses] il existe des prêts ou des avances (notamment aux collectivités locale[s]) qui donneront lieu à des entrées. Le solde des comptes spéciaux du Trésor représe[nte] le résultat final des dépenses provisoires, dont le montant total pour 1[...] est de 427,078 milliards de francs de sorties et de 430,192 milliards de fr[ancs] d'entrées, autrement dit un solde positif qui vient en déduction des dépenses [La] charge annuelle de la dette (intérêts et remboursements non accompag[nés] d'un réendettement) est de l'ordre de grandeur du déficit budgétaire.

production   familles   entreprises   l'État

**Les grandes masses de la loi de finances*,
initiale de 1999 et le projet de loi de finances
pour 2000** (en milliards de francs, total milliards d'euros)

	1999	2000
Dépenses définitives	1 670,559	1 660,584
Dette publique	237,246	234,700
Dépenses civiles	1 189,789	1 185,053
Dont fonctionnement	615,318	642,390
interventions	495,682	462,363
équipements	78,789	80,300
Dépenses militaires		
ordinaires	243,524	242,831
en capital	157,524	159,878
Soldes des comptes spéciaux	− 3,114	− 2,998
Total en milliards de francs	1 667,445	1 657,586
Total en milliards d'euros	254,200	252,697

	1999	2000
Recettes fiscales totales	1 841,586	1 877,344
Remboursements et dégrèvements	306,670	− 330,730
Transferts de recettes fiscales à l'Union européenne	− 95,000	− 95,000
aux collectivités locales	− 176,275	− 191,872
Recettes fiscales nettes	1 263,641	1 259,642
Recettes non fiscales	167,248	182,544
Recettes totales nettes	1 430,889	1 442,186
Solde général du budget de l'État (déficit)	236,556	215,400
Total en milliards de francs	1 667,445	1 657,586
Total en milliards d'euros	254,200	252,697

Source : ministère de l'Économie et des Finances.

Toutes les recettes fiscales ne sont pas, elles non plus, définitives. Une partie est remboursée (par exemple la TVA* sur les produits exportés), une autre partie est transférée soit aux collectivités locales, soit aux Communautés ~~p~~éennes (nous en reparlerons quand nous examinerons leurs comptes). L'État ~~b~~énéficie pas simplement de recettes fiscales, il reçoit aussi une partie du résultat ~~e~~ntreprises publiques ou encore de leur privatisation (de leur vente au secteur ~~priv~~é). Le solde général du budget de l'État (pour simplifier le déficit) représente ~~le m~~ontant des dépenses qui ne sera pas couvert par des recettes définitives ~~et qu~~i nécessitera le recours à l'emprunt.

~~On n~~otera qu'en 2000 la baisse des dépenses civiles d'intervention est due en partie ~~au~~ transfert de compétences* aux collectivités locales.

> Pour assurer
> le développement
> durable
> de l'économie
> en 1999,
> le gouvernement
> a cherché
> à augmenter
> sa marge
> de manœuvre
> en diminuant
> le déficit
> budgétaire
> et en réorientant
> une partie
> de ses dépenses
> au profit
> de ses priorités.

Les dépenses budgétaires

Les dépenses budgétaires agissent par leur masse et par leur nature. Acheter des fusées, financer la recherche, construire des écoles ou subventionner une production n'ont pas le même type d'impact.

Cent ans de changements

À la fin du siècle dernier, l'essentiel des dépenses de l'État était consacré au fonctionnement des pouvoirs publics et de l'administration générale, à la défense et à la charge de la dette* (la part de cette dernière était d'autant plus importante qu'on ne considérait pas devoir financer par l'impôt* les dépenses d'investissement*). Cette structure a commencé à se modifier entre les deux guerres, mais c'est surtout après 1945 que la volonté d'intervention économique et sociale a bouleversé la structure des dépenses. Toutefois, après 1973, on assiste à un retour vers les dépenses traditionnelles. L'inflation* oblige à parer au plus pressé et à négliger les dépenses d'investissement, le retour à une économie plus libérale amène une réduction des dépenses destinées aux interventions économiques et surtout, par suite de l'importance des déficits, la charge de la dette pèse de plus en plus lourdement sur la structure des dépenses. Toutefois,

L'évolution de la répartition fonctionnelle des dépenses budgétaires (en %)						
	Fin du XIXe siècle	1938	1956	1973	1989	1999
Pouvoirs publics et administration générale	24	20	8,9	15,7	17,1	17,0
Défense nationale	26	31	30,2	18,4	16,2	14,6
Dette publique	25	14	7,3	3,6	10,4	14,4
Total des dépenses traditionnelles	75	65	46,4	37,7	43,7	46,0
Action éducatrice et culturelle	3	8	11	24,5	23,6	24,4
Action sociale	2	6	21,5	21,2	22	19,4
Action économique	16	17	24,1	16,6	10,7	10,2
Total des trois actions	21	31	57,6	62,3	56,3	54,0

Sources : ministère de l'Économie et des Finances.

production   familles   entreprises   l'État

Les chiffres de la loi de finances initiale de 1999

	Crédits (en millions de francs)	Crédits (en millions d'euros)	dont, en %		
			personnel et fonctionnement	interventions	investissement
Dette	240 729	36 699			
Pouvoir publics, administration générale [1]	283 737	43 256	83,9	11,8	4,3
Défense nationale	243 524	37 125	64,7		35,3
Éducation et Culture [2]	408 064	62 208	77,9	16,2	5,9
Action sociale [3]	322 773	49 206	5,5	89,7	4,8
Action économique [4]	171 732	26 181	22,1	62,2	15,7
Total	1 670 559	254 675			

Source : ministère de l'Économie et des Finances.
Il n'est pas facile de faire une répartition fonctionnelle des dépenses budgétaires à partir de la répartition des crédits par ministère ; pour y parvenir nous les avons regroupées ainsi :
(1) Sous cette rubrique, nous avons regroupé les pouvoirs publics proprement dits, les services du ministère des Finances et les charges communes à tous les ministères : l'Intérieur et la Décentralisation, la Justice et les Affaires étrangères.
(2) Outre le ministère de l'Éducation nationale, de la Recherche et de la Technologie, on trouve sous cette rubrique la Culture et la Communication, la Jeunesse et les Sports.
(3) Sous cette rubrique, on trouve tous les crédits pour l'Emploi, la Santé, la Ville et le Logement et l'Outre-mer, dont le budget est essentiellement consacré à des aides à l'emploi et au logement social.
(4) Sous cette rubrique, on trouve les crédits concernant les Transports, l'Équipement, la Mer, le Tourisme, l'Aménagement du territoire, l'Agriculture, l'Industrie, les PME, le Commerce et l'Artisanat.

la part consacrée à l'éducation est sans commune mesure avec ce qu'elle était jusqu'en 1960, et l'importance du chômage implique le maintien des dépenses sociales.

La répartition des dépenses budgétaires par grandes fonctions

Selon leurs fonctions, les dépenses budgétaires imposent des dépenses de nature différente. Dans certains domaines, elles impliquent essentiellement la rémunération des fonctionnaires* et les autres dépenses de fonctionnement. C'est le cas de celles destinées aux pouvoirs publics et à l'administration générale, ou encore à l'Éducation nationale. Dans ce dernier domaine, cette prédominance a été accentuée par le transfert aux collectivités locales* de la plus grande partie des dépenses d'investissement*.

> Les dépenses budgétaires par grandes fonctions reflètent à la fois l'évolution du rôle de l'État et les contraintes qui pèsent sur son budget.

Les priorités budgétaires de 1999 et 2000

Chaque gouvernement
cherche à assurer,
au travers de ses dépenses,
le financement
des priorités qu'il se donne.

Les crédits budgétaires en forte augmentation

En 1999, par rapport à 1998, le total des crédits budgétaires augmente de 2,4 %. Pour 2000, si on ne tient pas compte des transferts* de charges, notamment aux collectivités locales*, l'augmentation des dépenses (+ 0,9 %) aboutit à leur stabilisation en francs constants*. Certaines dépenses augmentent beaucoup plus. C'est notamment le cas de celles consacrées à l'Éducation nationale (360 milliards de francs en 2000) : + 4,4 % en 1999, + 3,3 % en 2000. De son côté, l'ensemble « Emploi, Solidarité, Ville », avec, durant les deux dernières années, une augmentation moyenne de 4,4 % de ses crédits, représente un budget* supérieur

Les dépenses de l'ensemble des administrations en 1993 [1] (en milliards de francs)

	Dépenses totales	En % du total des dépenses	Dont consommation finale	Dont opérations de répartition	Dont opérations en capital
Administration générale, pouvoirs publics	333,7	8,3	63,0	21,1	15,9
Défense	212,7	5,3	104,1	1,9	– 6,0
Éducation, formation, culture, recherche	544,3	13,6	79,3	7,8	12,9
Santé et interventions sociales	2 141,0	53,5	20,3	81,5	2,2
Logement, développement urbain et rural, DOM et TOM	292,3	7,3	34,1	28,5	37,4
Action économique, transports et télécoms	349,6	8,7	23,9	58,8	17,3
Non ventilé	129,8	3,2	6,0	69,9	24,1
Total	4 003,4	100	35,1	56,0	8,9

Sources : comptes nationaux.

[1] Les rubriques ne sont pas identiques aux rubriques du budget de l'État, toutefois nous les avons regroupées pour permettre une comparaison significative. On ne peut pas totalement identifier la consommation finale, qui comprend la « consommation de capital* » (une évaluation de l'amortissement), aux dépenses de fonctionnement du budget ; toutes les dépenses en capital de la Défense sont dans la consommation finale, car, pour les comptables nationaux, tout matériel militaire est un bien de consommation ; les opérations en capital négatives de la rubrique Défense proviennent de la vente d'installations militaires, par exemple des casernes, qui vient en déduction des dépenses.

production   familles   entreprises   l'État

à celui de la Défense (253 milliards de francs contre 241 milliards). Les crédits du ministère de la Justice (27,2 milliards en 2000) s'accroissent encore de 3,9 % en 2000, après une hausse de 5,6 % en 1999. Bien entendu, il est plus aisé de favoriser un petit budget qu'un grand. Les dépenses en faveur de l'environnement (4,3 milliards en 2000) augmentent ainsi de 8,6 % en 2000, après une hausse de 15,2 % en 1999.

Les crédits budgétaires en diminution sensible

Les diminutions affectent surtout trois domaines : le fonctionnement des pouvoirs publics et de l'administration générale, la Défense et la plupart des crédits de l'action économique de l'État. Dans le premier, l'effort de maîtrise des dépenses de fonctionnement a été facilité en 1999 par une moindre augmentation des charges de la dette* (+ 1%). La diminution des dépenses militaires (– 0,7 % en 2000) a été obtenue par une baisse (– 3,5 %) des dépenses en équipements (mais les autorisations de programmes* sont cependant préservées). De son côté, la décrue des actions économiques de l'État se poursuit. Elle est surtout sensible pour le ministère de l'Agriculture (– 6 % en 1999, – 0,5 % en 2000), pour lequel l'Europe a pris le relais (en 1999, aux 22 milliards d'interventions prévus dans le budget de l'État, il faut ajouter quelque 67 milliards d'aides européennes).

Dépenses budgétaires et dépenses publiques

Pour juger de l'impact des crédits budgétaires, il est cependant de moins en moins aisé de les isoler des autres dépenses publiques. En effet, les dépenses de l'État se sont moins accrues que celles des collectivités locales et de la Sécurité sociale*. La comptabilité nationale* permet d'avoir une vue plus complète des dépenses publiques et de mieux situer leur impact. Malheureusement pour leur répartition par fonction, leur collation est lente ; il existe plus de 100 000 comptabilités plus ou moins entrecroisées.

On ne peut transformer brutalement la structure des dépenses budgétaires. En outre, pour comprendre la portée des changements, il faut les replacer dans l'ensemble des dépenses des administrations.

Les recettes fiscales

Le financement des dépenses de l'État est principalement assuré par l'impôt, qui, à cause de son importance, devient aussi un moyen d'agir sur l'évolution économique et sociale.

Mieux vaut ne pas savoir...

La fiscalité française est liée aux comportements des Français devant l'impôt : les Français préfèrent ne pas savoir qu'ils payent l'impôt.

Des impôts pesant principalement sur la production

L'impôt sur le revenu, par suite des exemptions dont bénéficient un grand nombre de contribuables, a une place beaucoup plus réduite dans le financement des administrations. Cela n'empêche pas la progressivité de l'impôt d'être aussi, sinon plus élevée que dans les autres pays.

La politique fiscale dans les budgets de 1999 et 2000

On ne peut que faire évoluer une structure fiscale, car on ne sait jamais quel sera réellement l'impact d'un changement brutal. Au total, les prélèvements obligatoires* représenteront, en 1999, 50,8 % du PIB*, contre 51,1 % en 1998, 51,7 % en 1997 et 55 % en 1988. Par contre, le gouvernement a pris des mesures pour modifier l'impact de l'impôt dans trois domaines. D'abord sur l'emploi, grâce notamment à la suppression de la taxe professionnelle, assise sur les salaires. Ensuite sur la justice fiscale,

Structure des prélèvements obligatoires en 1997 (en %)

Source : OCDE. (1) Données de 1996.	Impôt sur le revenu	Impôt sur les sociétés	Sécurité sociale	Impôt sur les salaires	Impôt sur le patrimoine	Impôts sur les biens et services	Autres	Total	En % du PIB
France	14,4	4,5	41,6	2,3	5,5	27,2	4,1	100	46,1
Allemagne	23,2	4,7	41,6		2,8	27,7		100	37,5
Danemark (1)	53,3	4,6	3,1	0,4	3,3	32,7	0,2		52,2
Royaume-Uni	25,8	11,2	17,0		10,8	35,2		100	35,2
Pays-Bas	15,7	10,5	40,7		4,6	28,0	0,5	100	43,4
Suède	34,1	6,3	29,8	3,2		3,9	22,5	100	53,3
Moyenne UE (1)	26,8	7,3	28,9	0,9	4,2	30,8	0,5	100	42,4
États-Unis (1)	20,0	16,6	36,5		11,4	15,4	0,2	100	37,7

production   familles   entreprises   l'État

Évolution de la structure fiscale française (en %)

	71	80	90	95	97	98	99	1999 (en milliards de francs)	2000 Projet de la loi initiale	2000 (en milliards de francs)
Impôt sur le revenu	15,4	19,9	18,9	19,5	17,4	16,9	17,3	320,0	17,8	333,2
Impôt sur les sociétés	10,5	10,3	11,9	9,9	12,0	12,6	13,6	253,9	13,9	261,7
Autres impôts directs	5,6	8,7			7,4	8,2		153,4	8,2	153,6
Total des impôts directs	31,7	38,9	38,1	37,8	37,3	36,9	39,1	727,3	39,9	748,5
TVA	47,0	43,8	44,8	45,0	44,9	45,7	44,6	830,0	45,6	856,0
Taxe sur les produits pétroliers	7,0	6,9	8,2	9,4	9,0	8,8	8,7	162,0	9,4	177,0
Autres impôts indirects (1)	14,1	10,4	8,8	7,8	8,8	8,6	8,1	141,3	5,1	95,7
Total des impôts indirects	68,3	61,1	61,9	62,2	62,7	63,1	60,9	1 133,3	60,1	1 128,7
Total brut	100	100	100	100	100	100	100	1 860,6	1 000	1 877,3
Dégrèvements et remboursements								319,7		330,7
Total net en francs								1 589,9		1 546,6
Total net en euros								242,7		235,8

Source : ministère de l'Économie et des Finances. (1) La baisse des impôts indirects est due principalement à celle des droits de douane* et à leur levée au profit de l'Union européenne.

grâce à une augmentation de l'ISF (impôt sur la fortune), à une diminution de certaines exonérations, en luttant contre les placements spéculatifs des entreprises ou encore par des baisses de la TVA* sur les produits de première nécessité. La croissance des recettes fiscales due à celle de l'économie en 1998 et à sa moindre décélération en 1999 a cependant permis dès le dernier trimestre 1999 une baisse de la TVA sur les travaux d'amélioration de l'habitat qui, en 2000, sera étendue aux services à la personne. Dans les deux cas, la TVA est ramenée de 20,6 à 5,5 %. Au total, pour 2000, les entreprises bénéficieront de 10,4 milliards de francs d'allégements et les ménages* de 28,6 milliards. Ce n'est qu'en 2001 que le gouvernement envisage de diminuer l'impôt sur le revenu ; il est vrai que nous serons alors à la veille d'échéances électorales.

> La fiscalité française pèse essentiellement sur la production et n'a été, en 1999, que marginalement modifiée afin de favoriser l'emploi, la solidarité et l'environnement.

Déficit et endettement

La charge de la dette pèse sur l'ensemble de la politique budgétaire, et il est difficile d'envisager une rapide diminution de son montant.

Politique libérale et déficit budgétaire

Dans les années 1970 et surtout 1980, les politiques libérales sont revenues à l'ordre du jour : faire des économies budgétaires pour pouvoir diminuer les impôts et ainsi libérer les initiatives, freiner l'inflation en finançant le déficit par l'épargne et non par la création de monnaie.

Déficit et activité économique

Le ralentissement de la croissance économique, en provoquant une baisse des recettes fiscales, a été la cause principale des déficits budgétaires. Diminuer sensiblement les dépenses ou augmenter les impôts* ne ferait qu'aggraver la chute de l'activité économique. Pour relancer l'économie, les gouvernements sont alors tentés d'accroître leurs dépenses et d'accepter un déficit temporaire. En 1974, en favorisant l'investissement*, en 1981, en favorisant la consommation, la France a mis en œuvre ce type de politique. Malheureusement, nous ne produisions pas les biens dont la demande augmentait le plus, et le déficit commercial s'est ajouté au déficit des finances publiques.

Évolution de la dette publique au sens de Maastricht* (en milliards de francs)

	État	Organismes divers d'administration centrale	Administrations publiques locales*	Sécurité sociale	Total en milliards de francs	Total en milliards d'euros	Total en % du PNB
1997	3 631	233	694	141	4 699	716,36	57,1
1998	3 878	228	681	157	4 944	737,70	57,7
1999 (1)	4 114	215	659	149	5 137	783,13	58,6

Source : Banque de France. (1) Estimation.

Solde financier des administrations publiques*
(excédent (+) ou déficit (−) en % du PIB nominal)

	1982	1992	1995	1996	1997	1998	1999
États-Unis	− 3,5	− 4,4	− 1,9	− 0,9	+ 0,4	+ 1,6	+ 0,8
Japon	− 3,6	− 1,5	− 3,6	− 4,3	− 3,3	− 6,1	− 7,8
Allemagne	− 3,3	− 2,6	− 3,3	− 3,4	− 2,6	− 2,4	− 2,1
France	− 2,8	− 3,9	− 4,9	− 4,1	− 3,0	− 2,9	− 2,4
Italie	− 11,2	− 9,6	− 7,7	− 6,7	− 2,7	− 2,6	− 2,2
Royaume-Uni	− 2,8	− 6,5	− 5,8	− 4,4	− 2,0	− 0,4	− 0,7
Zone euro	− 5,2	− 4,6	− 4,8	− 4,1	− 2,5	− 2,3	− 1,9

Source : OCDE.

production   familles   entreprises   l'État

Engagements financiers bruts des administrations publiques
(en % du PIB nominal)

	1982	1992	1995	1996	1997	1998	1999
États-Unis	40,7	61,9	62,2	61,3	59,1	57,4	57,2
Japon	58,0	59,8	76,0	81,0	87,4	99,9	108,5
Allemagne	39,0	44,4	60,5	63,0	63,6	62,6	62,2
France	34,2	45,5	60,1	63,0	65,3	66,4	67,2
Italie	65,3	117,3	124,2	123,7	121,7	119,4	117,5
Royaume-Uni	53,9	47,0	59,0	60,0	59,1	57,2	56,2
Zone euro	44,9	65,5	75,7	78,2	78,0	76,7	75,9

Source : OCDE.

L'arrêt de l'inflation n'a pas facilité les choses

Pour beaucoup, un déficit budgétaire aggrave l'inflation* ; cela est vrai quand il est financé par de la création de monnaie (des avances de la Banque de France, la « planche à billets ») et que des pénuries menacent. Ce n'est plus le cas. Par contre, l'arrêt de l'inflation ne dévalorise plus la dette déjà accumulée, et cette dette fait peur aux détenteurs de capitaux, qui exigent des taux d'intérêt* élevés. Dans ces conditions, le déficit annuel se rapproche dangereusement de la charge de la dette* et s'autoentretient.

La lutte contre un déficit cumulatif est obligatoire

La France est le pays de l'OCDE le plus endetté. Pour entrer dans la zone euro, elle est même parvenue à ramener l'ensemble de ses déficits publics* (ceux de l'État, des collectivités locales* et de la Sécurité sociale*) en dessous de la barre des 3 % du PIB*. Si elle veut se redonner des marges de manœuvre, il est nécessaire qu'elle continue cet effort. Dans ses prévisions pour 1999 et 2000, le gouvernement a chaque année diminué le déficit de 21 milliards. En 1999, en dépit de la diminution du déficit, la charge de la dette a encore augmenté de 1 %, mais en 2000, sauf accident, la décrue commencera et le gouvernement pourra consacrer une plus grande partie des ressources fiscales aux objectifs économiques et sociaux jugés prioritaires tout en accélérant la baisse de la pression fiscale*. En décembre 1999, la croissance a d'ailleurs permis de comptabiliser une rentrée fiscale supplémentaire de 11 milliards.

Politiques libérales et taux d'intérêt

L'appel à l'épargne pour financer le déficit a provoqué une ponction importante sur le marché des capitaux et a fait bondir les taux d'intérêt réels. Cette hausse des taux d'intérêt a ralenti la croissance et, de ce fait, pérennisé le déficit budgétaire et la pression fiscale.

Même si la diminution rapide de l'endettement est difficile, il est nécessaire de faire chuter rapidement le déficit budgétaire annuel et de diminuer la charge de la dette.

Administrations publiques locales et collectivités territoriales

Les collectivités territoriales (régions, départements, communes) ne sont pas les seules administrations publiques locales (APUL), mais les plus importantes tant par leurs dépenses que par leurs fonctions.

Des dépenses croissantes...

Sur la longue période, le volume des dépenses des APUL* a progressé d'un peu moins de 5 % par an, contre un peu plus de 3 % pour les administrations d'État et un peu moins de 6 % pour les dépenses des administrations de Sécurité sociale*. De 1959 à 1984, le rythme de la progression s'est peu à peu ralenti. Il est passé de 7,8 % par an entre 1959 et 1964 à 3,6 % par an entre 1976 et 1983. À partir de 1984, la loi sur la décentralisation a fait légèrement remonter ce taux aux environs de 4 % ; une fois les nouvelles dépenses mises en place, le rythme de la croissance des dépenses des APUL s'est à nouveau ralenti.

... aux fonctions différentes de celles des autres administrations

Ce sont les administrations locales, qui assurent la plus grande partie des dépenses d'investissement* des administrations publiques*, qui intéressent

Évolution des dépenses des divers types d'administrations françaises

	1959 (en % du PIB)	1997 (en % du PIB)	1997 (en milliards de francs)	1997 (en milliards d'euros)
D'État	21,3	21,1	1 716	261,60
De Sécurité sociale	10,1	23,6	1 924	293,31
Locales	5,9	10,4	845	128,82
Ensemble	37,3	55,1	4 485	683,73

Sources : Méraud et comptes nationaux.

production   familles   entreprises   l'État

Répartition des dépenses des administrations en 1997 (en %)

	Fonction-nement	Investis-sements	Transferts	Intérêt de la dette ou autres (pour la Sécurité sociale)
D'État	35,6	1,8	49,2	13,4
De Sécurité sociale	4,1	0,3	93,3	2,3
Dont prestations sociales			79,2	
Locales	55,5	19,5	18,4	6,6

Sources : comptes nationaux

le plus directement les Français (la prise en charge des bâtiments scolaires, mais aussi de la voirie, des transports collectifs, des espaces verts, des parkings, des équipements sportifs, leurs engagements au profit des hôpitaux et des HLM…). Par contre, en dépit du rôle des conseils généraux et des communes dans l'action sociale, c'est la Sécurité sociale et l'État (notamment avec les transferts* aux autres administrations) qui assurent la plus grande partie des transferts. La part des dépenses de fonctionnement des collectivités locales* est importante, car il y a, hors secteur hospitalier, 1,4 million d'agents des collectivités territoriales, et ces dernières assurent une grande partie de l'entretien des équipements collectifs*. Au travers des collectivités locales, et notamment des communes, la plupart des Français sont en contact avec l'administration.

Comptabilité publique et comptabilité nationale

La comptabilité nationale* prend en compte l'ensemble des APUL, ne s'intéresse qu'aux revenus, n'inclut pas les remboursements et les augmentations de la dette. Par contre, ses données, contrairement à celles de la comptabilité publique, éliminent les transferts d'une administration à une autre : elles sont consolidées.

En quarante ans, la part des dépenses des APUL dans le PIB* a presque doublé. D'anciennes compétences de l'État leur ont été transférées et l'essentiel des investissements publics sont réalisés par elles.

Les dépenses des communes et de leurs regroupements

Les communes et leurs regroupements représentent les deux tiers des dépenses des collectivités locales et intéressent directement la vie quotidienne.

Les petits ruisseaux font les grandes rivières

Il existe en France métropolitaine 36 551 communes, dont 21 554 ont moins de 500 habitants. En 1996, elles ont dépensé 441,8 milliards de francs et leurs divers regroupements 161 milliards. C'est une somme supérieure au quart des dépenses publiques. Quant aux investissements réalisés par les communes et leurs regroupements, ils représentaient près de quatre fois les investissements* civils de l'État.

Les dépenses des collectivités locales en 1996 (en milliards de francs et d'euros)

	Total	Régions	Départements	Communes	Groupements
Total en milliards de francs, d'euros	904,7 137,92	73,8 11,25	228,2 34,79	441,8 67,35	161,0 24,54
Fonctionnement en milliards de francs, d'euros	571,6 87,14	30,1 4,59	148,6 22,66	306,1 46,66	86,9 13,25
Dont, en % - frais de personnel - intérêts - transfert	30,8 8,9 27,7	6,3 13,6 69,4	15,0 6,3 29,4	43,9 9,0 21,3	19,8 11,4 32,1
Investissements en milliards de francs, d'euros	333,1 50,78	43,7 6,66	79,6 12,13	135,7 20,69	74,1 11,29
Dont, en % - investissements - remboursement de la dette	49,6 27,3	35,9 14,9	38,9 28,6	56,7 31,7	56,3 25,4

Sources : Direction de la comptabilité publique et Direction des collectivités locales.
Par suite du nombre important de comptabilités à collationner, on ne peut avoir pour les communes et les regroupements que des résultats datant de plusieurs années ; pour les années plus récentes, on ne peut faire que des estimations ; bien entendu, les chiffres ci-dessus ne sont pas consolidés, on trouvera dans les pages suivantes des chiffres plus récents concernant les régions et les départements.

production   familles   entreprises   l'État

La section de fonctionnement du budget* communal

Outre les dépenses courantes des services municipaux et des transferts* aux regroupements intercommunaux qui assurent la prise en charge de certaines fonctions, elle comprend les intérêts de la dette et doit dégager un excédent, versé à la section d'investissement.

Le bien-être de proximité dépend des communes

Il est vrai que les compétences des communes ressemblent un peu à un poème de Prévert. Les services municipaux assurent la propreté de la ville, directement ou indirectement l'adduction d'eau, l'entretien ou l'extension de la voirie et du réseau d'égouts, des espaces verts, des grandes opérations d'urbanisme. Les municipalités facilitent aussi l'aide sociale, la construction d'HLM, la modernisation des hôpitaux, l'animation des quartiers. Elles financent aussi des activités culturelles et sportives, la construction des écoles primaires et la mise en place de cantines scolaires. Elles peuvent aussi prendre des initiatives pour garantir le développement économique de leur commune. En tant que représentant de l'État, le maire a notamment la charge de la sécurité, il peut recourir à la force publique et éventuellement créer une police municipale…

La section d'investissement du budget communal

Elle finance des dépenses d'équipement* et le remboursement de la dette. Ses ressources proviennent soit de l'excédent de la section de financement non utilisé au remboursement de la dette, soit de subventions* publiques, soit encore de l'emprunt.

Éparpillement communal et collaboration intercommunale

Pour mieux assurer les fonctions des communes, la France, qui, à elle seule, a plus de la moitié des communes de l'Union européenne*, a opté pour les fusions volontaires et surtout pour le développement de la collaboration entre les communes. 17 760 d'entre elles sont membres de diverses formes de regroupements. Une simplification drastique de l'intercommunalité est en cours. Ne subsisteraient que des communautés de communes pour le milieu rural, 141 communautés d'agglomération pour les villes moyennes (elles concerneraient 8 340 communes et 64 % de la population), les communautés urbaines demeurant l'apanage des villes de plus de 500 000 habitants.

Le grand nombre des communes et de leurs regroupements ne facilite guère leur gestion, ni surtout la mise en place d'une politique cohérente d'aménagement de la vie quotidienne.

Les dépenses des départements

Créés par la loi de 1790, les départements sont l'élément essentiel de l'organisation administrative française territoriale ; ils réalisent plus du quart des dépenses des collectivités locales.

Des départements plus riches que leur région

Les lois sur la décentralisation ont élargi les compétences du département. Des départements importants comme ceux du Rhône, du Nord ou du Pas-de-Calais ont des dépenses plus importantes ou du même ordre que celles de la région à laquelle ils appartiennent.

De la déconcentration à la décentralisation

Les 96 départements métropolitains actuels et les 4 départements d'outre-mer sont le siège des services et des directions des ministères implantés hors des administrations centrales. L'ensemble de ces services et de ces administrations sont placés sous l'autorité du préfet, commissaire de la République représentant le gouvernement. Mais le département est aussi une collectivité territoriale* qui a depuis toujours la charge de la voirie départementale et des routes nationales qui traversent son territoire, de l'entretien de bâtiments mis à la disposition des administrations de l'État et de services de l'aide sociale. La décentralisation a considérablement élargi sa compétence en le chargeant notamment de l'organisation des transports scolaires, de la construction, de l'entretien

Les dépenses de fonctionnement dans les budgets primitifs des départements en 1998

		Répartition en % par nature				Répartition en % par fonction				
En milliards de francs	En milliards d'euros	Frais de personnels	Inté-rêts	Trans-ferts	Autres	Aides sociales	Eco-nomie	Voirie	Fonction-nement des collèges	Autres
159,2	24,27	15,6	5,3	67,6	11,5	60,4	14,5 [1]	8,1 [1]	4,6	12,5

Source : Direction générale des collectivités locales. (1) Évaluation provisoire.

production   familles   entreprises   l'État

Les dépenses d'investissement dans les budgets primitifs des départements en 1998

		Répartition en % par nature				Répartition en % par fonction			
En milliards de francs	En milliards d'euros	Subventions d'investissement	Remboursement de la dette	Dépenses d'équipement	Autres	Aides aux communes	Voirie	Collèges	Autres (1)
82,2	12,53	25,6	28,7	40,6	5,1	17,0	22,1	13,2	47,7

Source : Direction générale des collectivités locales.

(1) Comprend le remboursement de la dette, dont on remarquera l'importance, car les départements essaient non seulement de se désendetter, mais d'aménager la dette en profitant de la baisse des taux d'intérêt*.

et du fonctionnement des collèges, de la gestion des ports de commerce et de pêche, de la responsabilité des établissements médicaux sociaux relevant des prestations sociales. Il peut aussi prendre des initiatives dans tous les domaines lorsqu'une loi ne l'empêche pas formellement. Le département du Rhône s'est ainsi investi dans la mise en place d'un réseau de NTCI (nouvelles technologies de communication et d'information) haut débit. En 1998, les dépenses des budgets* primitifs des départements ont représenté quelque 242 milliards de francs, soit un peu plus du quart des dépenses des collectivités territoriales.

Le poids du social

Les dépenses d'aides sociales représentent près de 60 % des dépenses de fonctionnement des départements, et leur montant est passé de 48,5 milliards en 1984 à 96,1 milliards en 1996. Même si l'on tient compte de l'inflation*, l'augmentation est considérable. En fait, l'État s'est déchargé sur les départements d'une partie des dépenses sociales dont il a pris l'initiative, notamment les actions d'insertion au profit des bénéficiaires du RMI* (revenu minimum d'insertion). La loi prévoit que le département inscrira à son budget un crédit au moins égal à 20 % des sommes versées au cours de l'année précédente aux bénéficiaires du RMI du département, soit au total, en 1998, 4,4 milliards (les bénéficiaires du RMI sont un peu plus de 1 million et bénéficient en moyenne d'une allocation de 1 900 francs par mois et par personne).

> Les départements ont un rôle essentiel dans l'aide sociale, la voirie et les collèges. Ils sont un échelon de décentralisation plus important mais moins stratégique que les régions.

Les dépenses des régions

Dernières-nées des collectivités locales, les régions ne représentent que 9,7 % des dépenses des collectivités territoriales et 8,1 % de celles des collectivités locales, mais ces dépenses sont plus stratégiques et en rapide expansion.

21 régions métropolitaines très inégales

L'Île-de-France regroupe près de 20 % de la population métropolitaine ; seulement 6 autres régions ont plus de 3 millions d'habitants ; 6 ont moins de 1,5 million d'habitants ; certaines, comme le Limousin et la Corse, en ont moins de 1 million.

Une compétence très générale

Jusqu'à la loi de 1983, les régions n'étaient que des établissements publics chargés du développement régional et de l'aménagement du territoire sous l'autorité du préfet. Devenues des collectivités territoriales* de plein exercice, elles ont gardé cette compétence générale. Elle leur permet de s'occuper de presque tous les domaines de la vie économique et sociale, même quand d'autres collectivités ou l'État en ont la charge. Cela les entraîne souvent à des cofinancements d'opérations diverses et variées dont elles n'ont pas la maîtrise exclusive. Une partie des dépenses des régions s'inscrit dans le cadre des contrats État-région et est cofinancée durant cinq ans par les régions et l'État.

Dépenses de fonctionnement des 21 régions métropolitaines en 1998 (budgets primitifs)

En milliards de francs	En milliards d'euros	Répartition en % par nature			Répartition en % par fonction	
		Dont personnel et autres frais de gestion et de fonctionnement	Dont intérêts	Dont transferts* (2)	Lycées (1)	Formation profession-nelle (1)
32,8	5,0	14,4	10,4	75,2	14,2	35,9

Source : Direction générale des collectivités locales.
(1) Les dépenses peuvent être ventilées par nature et par fonction.
(2) Subventions, participations, allocations diverses.

Dépenses d'investissement des 21 régions métropolitaines en 1998 (budgets primitifs)

En milliards de francs	En milliards d'euros	Dont subventions d'investis-sements (en %)	Dont rembour-sement de la dette (en %)	Dont dépenses d'équipements (en %)	Dont équipement des lycées (en % du total)	Dont équi-pement des lycées (en milliards de francs)
42,1	6,42	46,9	15,1	24,2	20,6	8,7

Source : Direction générale des collectivités locales.
Les dépenses d'équipement* représentent les dépenses réalisées au profit des éléments du patrimoine* des régions (par exemple les lycées).

production   familles   entreprises   l'État

Structures des subventions et des dépenses d'équipements des 21 régions métropolitaines (en % et par fonction)

	Formation et éducation	Culture et vie sociale	Santé et interventions sociales	Logement et développement urbain	Développement rural, environnement	Transports et télécomunications	Actions économiques	Autres
Subventions d'investissement	9,2	4,6	1,6	8,2	12,0	45,3	17,9	1,3
Dépenses d'équipement	36,4	2,3	0,7	3,9	6,1	22,2	10,5	16,9

Source : Direction générale des collectivités locales.

Des compétences particulières

Depuis le 1er janvier 1986, les régions ont la charge des équipements scolaires du second cycle (les lycées). Dans les budgets* votés en 1998, ils ont représenté près du quart des dépenses (13,4 milliards de francs d'investissements* et 5 milliards de fonctionnement). Depuis le 1er juin 1993, elles ont la charge de la formation professionnelle, de l'apprentissage et des actions de préqualification des jeunes, soit près de 17 % des budgets primitifs et 36 % des dépenses de fonctionnement des régions. Enfin, en 1998, six régions (Alsace, Centre, Nord-Pas-de-Calais, Pays de la Loire, Provence-Alpes-Côte d'Azur et Rhône-Alpes) ont accepté d'avoir des compétences ferroviaires dans le domaine des réseaux régionaux et ont reçu de l'État une dotation de 2,8 milliards. Au total, plus de 45 % des dépenses des régions sont réalisées dans des domaines qui étaient principalement à la charge de l'État en 1983.

> Les dépenses des régions ont un rôle stratégique dans le développement territorial, qui ne peut que s'accroître avec l'instauration de l'euro.

> **Une inégalité régionale dangereuse**
>
> Au moment où l'instauration de l'euro transforme la concurrence entre économies nationales en concurrence entre sous-ensembles territoriaux, et notamment régionaux, ces inégalités et le trop grand nombre de régions risquent d'être de dangereux handicaps.

Les recettes des collectivités territoriales

Le financement des budgets locaux est un mélange de l'héritage du passé et du bon vouloir de l'État, qui, à divers titres, doit leur reverser une partie de ses recettes.

Le casse-tête de la fiscalité locale

Les impôts* locaux comprennent des impôts directs (les quatre principales taxes directes sont la taxe d'habitation, les taxes foncières sur les propriétés bâties et non bâties et la taxe professionnelle payée par les entreprises) et des impôts indirects (dont les plus

Les recettes fiscales des collectivités locales en 1997 (en milliards de francs)

	Communes et leurs groupements	Départements	Régions	Total	Total en euros
Impôts directs	213,6	83,6	12,8	321,2	48,9
Dont					
- taxe professionnelle	96,2	42,2	12,8	151,2	23,0
- taxe d'habitation	42,9	19	5,3	67,3	10,3
- taxes foncières	57,7	22,4	5,9	86,1	13,1
- TEOM [1]	16,7			16,7	2,5
Impôts indirects	14,6	38,5	13,4	66,6	10,2
Total des entrées fiscales	228,2	122,2	37,4	387,7	59,1

Sources : Observatoire des collectivités locales, Direction générale des collectivités locales.
(1)TEOM : taxe d'enlèvement des ordures ménagères, perçue uniquement au profit des communes ou de leurs regroupements.

Les aides financières de l'État aux collectivités locales (en milliards de francs)

	Dotation de fonction-nement	Dotation d'investis-sement	Financement des transferts de compétence	Compensation d'exonérations et de dégrèvements	Total (en milliards de francs)	Total (en milliards d'euros)
1997	117,1	31,5	25,5	75,8	249,9	38,9
1999 (projet de loi de finances)	123,8	31,9	29,8	94,0	279,5	42,1

Source : Direction générale des collectivités locales.
Les chiffres ne sont pas exactement comparables à ceux présentés dans le tableau récapitulatif de la loi de finances, page 25, car les regroupements ne sont pas les mêmes. Si on tient compte des impôts transférés au profit de collectivités locales, les aides de l'État s'élèvent à 292,3 milliards de francs en 1997 et 322 milliards dans le projet de loi de finances de 1999.

production   familles   entreprises   l'État

Dette des collectivités territoriales au 1er janvier [1] (en milliards de francs)					
	Régions	Départements	Communes	Total en francs	Total en euros
1993	39,8	118,3	321,3	479,4	73,1
1997	55,6	153,4	350,4	559,5	85,3
1998	57,8	151,6	344,2	553,6	84,4

Source : Direction générale des collectivités locales.

[1] Chiffres différents du calcul de la dette des administrations locales au sens de Maastricht*, qui n'inclut pas seulement les collectivités locales proprement dites.

importants sont les taxes sur le permis de conduire – en voie de disparition – et les cartes grises au profit des régions, la vignette au profit des départements, la taxe départementale et communale sur l'électricité et une partie des droits de mutation collectés au profit des régions). En réalité, une trentaine d'autres prélèvements parfois très bizarres sont possibles. Au total, la fiscalité* locale représente un prélèvement supérieur à l'impôt progressif sur le revenu des ménages*.

Reversements, compensations et péréquations

Le financement des dépenses locales est compliqué par la politique de l'État. Il accorde des dégrèvements à certains contribuables (par exemple en ce qui concerne la taxe foncière et la taxe professionnelle) mais compense leur perte dans les recettes des collectivités locales*. Il oblige certaines collectivités riches à reverser une partie de leurs recettes aux moins fortunées. Il accorde aussi des subventions* spécifiques ou des dotations, notamment pour aider au financement des transferts de certaines de ses compétences* aux collectivités locales.

Des dettes et de l'argent qui dort

Les collectivités locales peuvent aussi recourir à l'emprunt. En fait, elles sont ici en partie héritières du XIXe siècle : il apparaissait alors normal de financer par l'emprunt des équipements profitant aux générations futures et d'assurer la charge de la dette* (intérêt et remboursement) par les recettes courantes. Par contre, les retards d'exécution dans les dépenses des collectivités locales amènent la constitution d'un solde positif dans leur compte au Trésor public (114 milliards au 31 décembre 1997 pour un endettement total de 559,5 milliards de francs). Ce qui n'est pas forcément le signe d'une bonne gestion.

Les recettes des collectivités territoriales couvrent largement leurs dépenses ; elles ont commencé à se désendetter et le solde positif de leur compte au Trésor public est important.

De la protection sociale à la Sécurité sociale

Dans les sociétés où la solidarité familiale ne peut plus faire face comme autrefois aux risques de la vie, la protection sociale collective a pris une place considérable.

Source : *Comptes de la protection sociale.*
(1) Transferts* au profit d'autres régimes des assurances sociales, y compris les prises en charge de cotisations, par exemple celles des chômeurs.
(2) Nommées dans la nouvelle comptabilité nationale : institutions sans but lucratif.
(3) Les assurances sociales regroupent la Sécurité sociale et les indemnisations du chômage.

Protection sociale, prestations sociales et Sécurité sociale

Au-delà de la Sécurité sociale* proprement dite, qui ne verse pas que des prestations, les assurances sociales* regroupent la Sécurité sociale et le régime des ASSEDIC. À côté des assurances sociales, on trouve une série d'autres régimes. Le régime d'intervention sociale des employeurs assure volontairement un certain nombre de suppléments, notamment familiaux. Celui des interventions des administrations publiques* (nationales ou locales) développe des actions de solidarité et d'aide sociale dans lesquelles ont peut classer

La protection sociale française en 1997 (en milliards de francs)

	Assurances sociales (3)		Régimes employeurs	Mutuelles	Administrations publiques	Administrations privées (2)	Total (en milliards de francs)	Total (en milliards d'euros)
	Sécurité sociale	Indemnisation du chômage						
Prestations sociales et assimilés	1 621,5	110,8	54,1	54,3	216,9	4,5	2 061,6	314,29
Prestations fiscales					75		75	11,43
Services sociaux	251,8				37,7		289,5	44,14
Frais de gestions et financiers	77,3	8,4		15,8			101,5	15,47
Transferts (1)	292,3	51,7			9,8		353,9	53,95
Autres	22,4	7,6		2,2	1,8		34,0	5,18
Total (en milliards de francs)	2 265,3	177,8	54,1	72,3	341,2	4,5	2 915,2	
Total (en milliards d'euros)	345,34	27,11	8,25	11,02	52,02	0,69		444,43

production   familles   entreprises   l'État

La répartition de la protection sociale dans quelques pays de l'Union européenne en 1995 (en %)					
	Santé	Vieillesse	Famille et logement	Chômage, exclusion	Protection sociale en 1996 (en % du PIB)
Allemagne	38,1	42,4	8,1	11,3	30,5
Belgique	32,3	42,4	8,2	17,0	30,0
Espagne	37,7	45,3	2,2	14,7	22,4
Danemark	28,4	37,7	12,4	19,1	33,6
France	34,9	43,0	12,2	9,9	30,8
Italie	28,6	65,7	3,5	2,2	24,8
Portugal	45,6	43,6	5,8	5,6	21,6
Royaume-Uni	37,3	39,3	15,9	7,5	27,7
Suède	33,8	37,0	14,7	14,5	34,1

Source : *Eurostat*.

le RMI*, mais elles agissent aussi par dégrèvements fiscaux (ainsi le coefficient familial diminue les impôts* des familles en charge d'enfants). Les interventions des institutions sans but lucratif (Restos du cœur, Croix-Rouge, Secours catholique, secours populaires, Armée du Salut…) et les prestations assurées par les mutuelles font aussi partie de la protection sociale*.

Tous les Européens bénéficient d'une protection sociale

Dans l'Union européenne*, les dépenses de protection sociale représentaient en 1996 en moyenne 28,7 % du PIB*, avec une dispersion qui va de 21,5 % au Portugal à 34,8 % en Suède. La France, avec 30,8 %, est proche de la situation allemande (30,5 %). Le pourcentage du Royaume-Uni est, lui, de 27,7 %. Depuis 1980, en France, la protection sociale représente une part sans cesse croissante du PIB (elle est passée de 23 % en 1980 à 27,4 % en 1990 et 30,8 % en 1996 ; toutefois, cette croissance ralentit très fortement. On assiste aussi à un resserrement de l'écart. Ainsi le Portugal est-il passé de 11,4 % en 1980 à 21,6 % en 1996. Par contre, la répartition de la protection sociale diffère fortement d'un pays européen à un autre. D'une manière générale, la protection sociale est plus importante en Europe qu'aux États-Unis, où les assurances privées ont une place plus importante, l'équivalent de la Sécurité sociale n'assurant qu'une prestation minimale.

Solidarité et exclusion

Le RMI est la pièce maîtresse de la lutte contre l'exclusion ; il représente 21,8 milliards de francs et près d'un million de bénéficiaires, auxquels s'ajoutent les actions d'insertion des départements. 14 autres milliards vont aux victimes de la délinquance, de la toxicomanie, de l'exil politique…

La Sécurité sociale représente en France 78 % de la protection sociale, qui est pour 71 % réalisée grâce à des versements de prestations sociales représentant près de 30 % du revenu des familles.

Très chère santé

La santé est devenue un droit et non une chance ; or, avec les progrès de la médecine et le vieillissement de la population, elle coûte de plus en plus cher.

L'irrésistible montée des dépenses de santé

Les dépenses de santé représentaient 7,6 % du PIB* en 1980 ; elles en représentent 9,5 % aujourd'hui, contre 14,2 % aux États-Unis et encore seulement 7,5 % en Allemagne. En francs constants*, de 1980 à 1997, la consommation médicale a augmenté de 75 %, les ménages* ne prenant en charge personnellement que 13,3 %, contre 74 % pour la Sécurité sociale*. Grâce à la médecine, la durée de vie s'allonge, la possibilité d'avoir des maladies plus graves augmente, alors que la médecine sait de mieux en mieux s'en occuper, mais pour plus cher. Pis encore, de nouvelles maladies, comme le sida, sont apparues. Freiner les dépenses de santé devient un objectif prioritaire.

Source : ministère de l'Emploi et de la Solidarité.
(1) Médecins, auxiliaires médicaux, dentistes, analystes et cures thermales.
(2) On notera que l'indice des prix (1980 = 100) était de 182,1 en 1990 et 210,1 en 1997.

Évolution et répartition de la consommation médicale (en %)

	1980	1990	1995	1997
Soins hospitaliers	51,6	47,5	48,5	48,4
Soins ambulatoires (1)	25,5	28,7	27,1	26,8
Transports	1,0	1,4	1,5	1,4
Médicaments	17,0	17,8	18,1	18,5
Lunetterie et orthopédie	1,9	2,5	2,6	2,7
Médecine préventive	2,9	2,2	2,1	2,2
Total	100	100	100	100
Total (en milliards de francs (2)**)**	198,2	540,0	696,7	728,5
Total (en milliards d'euros)	30,2	82,3	106,2	110,1

production   familles   entreprises   l'État

Haro sur les prescriptions pharmaceutiques

Ce sont les prescriptions pharmaceutiques qui supportent l'effort d'économie le plus important. La consommation pharmaceutique française est pourtant inférieure à celle des Allemands, mais elle est la plus facile à rationner. Malheureusement, on oublie que l'usage des médicaments permet de retarder les effets du vieillissement et plus généralement de raccourcir la durée de l'hospitalisation. Or c'est cette dernière qui est de loin la dépense de santé la plus importante. En dépit des mesures prises pour modifier la gestion des hôpitaux, elle représente encore 48 % des dépenses médicales et 51 % des prestations servies par la branche maladie de la Sécurité sociale.

France / États-Unis

La médecine américaine est une médecine chère (14,2 % du PIB), principalement à la charge d'assurances privées qui laissent de côté les plus démunis. Son efficacité est peu évidente : la durée de vie n'est que de 75,7 ans aux États-Unis, contre 78 ans en France ; la mortalité infantile, de 8 pour 1 000 naissances, contre 5,9 en France.

L'état sanitaire ne progresse pas autant que les dépenses

L'allongement de la durée de vie est bien le signe de l'efficacité de la médecine, mais, au fur et à mesure que l'espérance de vie augmente, la médecine soigne sans parvenir à

Répartition du financement des dépenses courantes en soins et biens médicaux (en %)				
Sources : ministère de l'Emploi et de la Solidarité et Sécurité sociale.	1980	1990	1995	1997
Sécurité sociale	76,5	74,3	73,9	73,9
État et collectivités locales*	2,9	1,1	0,9	0,9
Mutuelles	5,0	6,1	6,9	7,1
Autres	15,6	18,5	18,3	18,1
- dont assurances et institutions de prévoyance			4,5	4,8
- ménages			13,8	13,3
	100	100	100	100

guérir. Plus grave, trop souvent encore, par suite du sous-développement de l'hospitalisation à domicile et des soins palliatifs, trop de personnes meurent hospitalisées et en réanimation. En outre, la médecine préventive est négligée et, en dépit des campagnes entreprises, la consommation de tabac et d'alcool, le non-usage des préservatifs ou encore les excès de vitesse sur les routes alimentent les hôpitaux en patients nécessitant des soins onéreux. En l'absence d'une modification de la médecine et des comportements, les économies réalisées par la Sécurité sociale finissent par renforcer l'inégalité devant la mort, déjà importante. La probabilité pour un homme de décéder entre 35 et 65 ans, qui est de 26 % pour les ouvriers, n'est que de 13 % pour les cadres et les professions libérales.

> Pour freiner l'expansion des dépenses de santé, il est urgent de modifier la manière dont nous nous soignons sans toujours nous guérir.

Les retraites et le « bogue » démographique

Le vieillissement de la population est général ; en France, le problème des retraites est compliqué par un choc de générations, véritable « bogue ».

Il y a des retraités heureux...

En 1997, après une carrière complète, la retraite était en moyenne de 9 333 francs pour les hommes et de 6 665 francs pour les femmes. Cette moyenne camoufle de très grandes inégalités, mais, dans l'ensemble, depuis 1979, la situation des personnes âgées s'est améliorée. Nous sommes maintenant en présence de retraités qui ont pleinement cotisé et qui bénéficient souvent de retraites complémentaires. Le contraste est grand avec la situation des jeunes ménages*, plus touchés que les autres actifs par le chômage et le travail partiel. Si l'on ajoute que l'on a abaissé en 1983 l'âge légal de la retraite à 60 ans et multiplié les préretraites pour lutter contre le chômage, on comprend que les prestations vieillesse et survie représentent plus de la moitié des prestations sociales* et 43 % des dépenses de protection sociale*.

Évolution de la répartition des prestations sociales [1] (en %)

	1959	1969	1979	1990	1997
Santé	25,1	31,8	27,2	25,3	25,3
Accidents du travail	6,0	5,9	3,5	2,3	1,7
Vieillesse et survie	34,6	40,3	49,5	50,7	50,2
Famille et maternité	33,9	21,1	13,7	13,2	12,8
Emploi et divers [2]	0,4	0,9	6,1	8,5	10,0
Total	100	100	100	100	100

Source : Comptes de la nation.

[1] Il s'agit des prestations perçues par les ménages et non de la protection sociale totale.
[2] Comprend le RMI à partir de 1990.

production   familles   entreprises   l'État

Les dépenses des prestations vieillesse et survie dans la protection sociale de 1997

	Pensions de base	Pensions complé-mentaires	Préretraite et indemnités de cessation d'activité	Allocation du Fonds national de solidarité	Action sociale	Total (y compris divers)
En milliards de francs	716,0	258,7	26,9	16,2	11,4	1 054,8
En milliards d'euros	116,01	39,44	4,10	2,47	1,74	160,80

Source : *Les Comptes de la protection sociale.*

Évolution du nombre de retraités par cotisant

	Régime des salariés					Régime des non-salariés				
	Régime général	Fonction-naires	Collec-tivités locales	Salariés agricoles	Mi-neurs	Exploi-tants agricoles	Commer-çants et indus-triels	Arti-sans	Profes-sions libérales	En-sem-ble
1950	0,27	0,81	0,42	0,13	0,60	0,21	0,24	0,31	0,23	0,28
1973	0,28	0,71	0,31	0,83	3,03	0,72	0,80	0,68	0,37	0,44
1996	0,64	0,64	0,37	3,33	14,59	2,69	2,69	1,38	0,35	0,84

Sources : comptes des régimes concernés et revue *Population.*

... mais une situation de plus en plus périlleuse

Pour l'ensemble des régimes de retraite, la situation est encore supportable, mais elle devient catastrophique pour les activités où l'emploi régresse. L'avenir des régimes de retraite risque d'être plus sombre à partir de 2005. La génération importante du baby-boom arrivera alors à l'âge de la retraite et en bénéficiera encore plus longtemps qu'aujourd'hui. Or, parallèlement, celle moins nombreuse des années 1970 entrera dans l'emploi. La lutte contre le chômage sera facilitée mais pas la prise en charge des retraités par les actifs. En 2040, quand les jeunes qui commencent aujourd'hui à travailler partiront à la retraite, il risque d'y avoir un Français sur trois ayant plus de 60 ans, à moins que d'ici là les Français se soient décidés à avoir plus d'enfants ou aient accepté une forte immigration. Relever l'âge de la retraite ou la durée de cotisation est une hypothèse de plus en plus probable.

> La population française vieillit. Si, pour l'instant, il y a des retraités heureux, pour les années à venir, la situation deviendra de plus en plus périlleuse.

Le financement de la Sécurité sociale

Dans la protection sociale, c'est le financement de la Sécurité sociale qui pose le plus de problèmes.

La CSG, premier impôt direct de France

Le taux de la Contribution sociale généralisée, créée en 1990, a été fortement relevé au 1er janvier 1978 (de 3,4 à 7,5 %). Elle a supplanté l'impôt progressif sur le revenu (352 milliards en 1999 contre 322 pour l'IRPP (l'impôt sur le revenu des personnes physiques). Elle remplace une partie des cotisations à la charge des salariés et presque tous y sont soumis.

Des principes de départ…

En 1945, la France n'est pas parvenue à établir un système unique de Sécurité sociale*. Le régime général ne couvre que les salariés du secteur privé et il existe de nombreux régimes particuliers ou spéciaux. Pour en conserver la gestion, les syndicats de salariés ont accepté des cotisations fondées sur les salaires. Pour le patronat, l'inflation* rendait supportable ce mode de financement ; mieux, elle l'incitait à substituer du capital au travail au moment où la main-d'œuvre manquait. L'assurance par répartition a été préférée à l'assurance par capitalisation. Pour une année donnée, les bien portants paient pour les malades, les jeunes pour les vieux, ceux qui n'ont pas d'enfants pour ceux qui en ont. Au départ, il s'agissait essentiellement d'améliorer la santé des travailleurs et d'accélérer la reprise de la natalité, autrement dit d'accroître le capital humain disponible pour la croissance économique. La répartition des prestations sociales* en 1959 témoigne de cette orientation (*voir* pp. 48-49).

… en porte-à-faux

L'augmentation du coût du travail n'a pas facilité la lutte contre le chômage, qui entraîne une diminution des recettes et de nouvelles dépenses. Le déclin de certaines activités a imposé des transferts* de ressources aux régimes en difficulté. Les inactifs (les retraités, les chômeurs, les exclus et les personnes en longue maladie)

Évolution du solde du régime général de la Sécurité sociale (en milliards de francs)								
	1981	1989	1992	1995	1996	1997	1998	1999	2000
Solde	– 3,1	– 1,5	– 15,7	– 62,4	– 51,7	– 38,0	– 16,5	– 4	+5/+2

Source : *Les Comptes de la protection sociale.*

production   familles   entreprises   l'État

Le financement de la protection sociale en 1997 (en milliards de francs)

	Régime général	Autres régimes	Chômage	Régime employeurs	Mutuelles	Régimes d'intervention publique	Total (y compris administrations privées)
Cotisations effectives	951,7	454,2	158,8	0	65,3	0	1 630,1
- dont employeurs	655,3	228,7			57,5		983,5
- salariés	250,0	146,3	99,6				513,1
- autres	46,4	79,2	59,2		7,8		133,5
Cotisations fictives (1)	0	172,2	0	54,1	0	0	223,3
Impôts et taxes (2)	104,0	120,4	4,6	0	0	14,9	243,9
Transferts (3)	96,2	229,5	4,7	0		23,5	353,9
Contributions publiques	26,1	36,6	5,6	0		227,8	296,1
Contrepartie des prestations fiscales	0	0	0	0	0	75,0	75,0
Recours	5,6	0,4	0	0	0	0	6,0
Revenus des capitaux	1,7	12,2	1,0		1,8		16,7
Total (dont divers)	1 190,9	1 030,8	176,4	54,1	74,4	341,2	2 872,2
Solde	− 38,0	− 5,6	− 1,4		+ 2,1		− 42,9

Source : *Les Comptes de la protection sociale.*

(1) Les cotisations fictives* sont la contribution des employeurs au financement d'assurances sociales* qu'ils organisent eux-mêmes au profit de leurs salariés et de leurs ayants droit. Elles sont l'équivalent de ce qu'ils paieraient s'ils passaient par la Sécurité sociale (une partie des prestations sociales des fonctionnaires est dans ce cas).

(2) Ne comprend pas, en 1997, l'augmentation de la CSG.

(3) Transferts d'un régime à un autre.

sont devenus les principaux bénéficiaires de la Sécurité sociale. Des déficits sont apparus, notamment dans le régime général. Le principe de l'assurance a régressé au profit d'une protection minimale à l'anglo-saxonne, accompagnée de protections complémentaires volontaires (mutuelles, assurances-vie, retraites complémentaires, fonds de retraite…). La protection sociale* évolue vers un système à deux vitesses, qui protège tout le monde mais pas avec la même efficacité. L'appel à un financement plus fiscalisé, dont la CSG (Contribution sociale généralisée) est l'élément essentiel, est devenu indispensable. Les impôts* et taxes fournissent désormais 20,5 % des ressources du régime général, contre 5,1 % en 1996 et 8,5 % en 1997.

> L'évolution démographique et économique a imposé une évolution des principes de la Sécurité sociale française et de son financement.

Le budget de l'Union européenne

L'Union européenne n'est pas l'unique institution européenne, mais elle est la seule à être une entité politique ayant ses propres moyens.

Une zone d'intégration économique et de politique commune

L'Union européenne* a succédé en 1993 à la Communauté économique européenne, instituée par le traité de Rome signé en 1957. Les signataires du traité ne désiraient pas instaurer une simple zone de libre-échange. Ils voulaient parvenir à créer une nouvelle entité politique distincte des États membres et promouvant des politiques communes. Cette volonté s'est traduite par des tâches et des dépenses croissantes. En 1970, les dépenses de l'Union étaient de 3,6 milliards d'écus, de 16,5 en 1980, de 42,5 en 1998. En 1999, elles sont de 103 milliards d'euros (l'euro s'étant substitué à l'écu en janvier 1999). Parallèlement, la politique agricole commune, qui représentait encore en 1987 près des deux tiers des crédits budgétaires, n'en mobilise plus en 1999 qu'un peu moins de 43 %.

Des emprunts pour pallier les difficultés de paiement

Dès 1975, grâce à une interprétation large du traité de l'Union européenne, celle-ci a pu emprunter hors budget* pour accorder des prêts aux États ayant des difficultés de paiement.

Évolution des dépenses de l'Union européenne à quinze
(en milliards d'écus, puis d'euros, et de francs pour 1999)

	1995	1996	1997	1998	1999	1999 (en milliards de francs)
Politique agricole commune	37,9	40,8	41,8	43,2	45,2	296,5
Actions structurelles	26,3	29,1	31,5	33,5	39,0	255,8
Politiques internes	5,1	5,3	5,6	6,0	6,4	42,0
Actions externes	4,9	5,3	5,6	6,2	6,9	45,3
Dépenses administratives	4,0	4,2	4,4	4,5	4,7	30,8
Réserve et compensation	2,7	1,9	1,3	1,3	1,2	7,9
Total des autorisations d'engagement*	80,9	86,6	90,2	94,7	103,4	678,3
Total des crédits de paiement	77,2	82,2	85,8	90,6	96,7	634,3

Source : Commission européenne.
On trouvera dans les pages suivantes la signification et le détail des principales rubriques.
On remarquera la faiblesse des dépenses administratives : elles expliquent en partie les errements de la Commission dans la gestion des crédits.

production   familles   entreprises   l'État

Origine des ressources de l'Union européenne par nature des ressources de 1987 à 1997 (en %)

	1987	1990	1993	1995	1996	1997
Prélèvement agricole*	4,6	2,3	1,4	1,0	0,9	1,4
Cotisation sur le sucre	4,1	1,8	1,5	1,6	1,3	1,3
Droit de douane	25,0	22,1	16,8	16,6	14,5	17,5
TVA	65,2	62,3	52,5	52,2	44,9	44,6
Prélèvement sur les PNB		0,6	25,2	18,5	25,9	35,2
Autres et emprunts	1,2	10,2		9,7	12,4	
Total	100	100	100	100	100	

Source : annuaire *Eurostat*.

Ressources et destinations des paiements de l'UE par État membre en 1997 (en milliards d'écus (euros))

	Allm	Autr	Belg	Dan	Esp	Fin	Fr	Grèc	Irl	Ital	Lux	P-B	Port	R-U	Suèd
Ressources															
	28,2	2,8	3,9	2,0	7,1	1,4	17,4	1,6	0,9	11,5	0,2	6,4	1,4	11,9	3,1
Paiements															
	13,1	1,7	2,6	2,0	14,2	1,4	16,0	7,1	4,3	11,0	0,1	3,4	4,8	9,3	1,4

Source : rapport général de la Commission.

Un financement propre

Depuis 1970, l'Union européenne dispose de ressources budgétaires propres (un prélèvement sur les importations de produits agricoles, une cotisation sur la production de sucre, les droits de douane* perçus sur les importations en provenance de pays tiers sur la base du tarif commun, une TVA* de 1,4 % incluse dans le taux de TVA de chaque pays membre et un prélèvement communautaire sur le PNB*). Si le rendement de la TVA n'est pas suffisant, chaque pays doit compléter sa participation afin que le prélèvement communautaire soit l'équivalent de 1,2 % du PNB. À partir de 1999, ce plafond de prélèvement devrait être porté à 1,27 %, tandis que le taux de TVA communautaire serait ramené à 1 %. Quant au prélèvement de 1 % sur les ventes de charbon et d'acier, il a été supprimé. Pour l'avenir, le Parlement européen propose de remplacer les recettes actuelles, en provenance de la TVA ou du prélèvement sur le PIB*, par une TVA européenne distincte de la TVA des États membres.

Des fonds alimentés par des emprunts

Un Fonds européen de développement finance des projets de développement dans les pays du tiers-monde associés à l'UE.
Une Banque européenne de développement peut accorder des crédits aux pays membres ayant des difficultés de paiement.

> L'Union Européenne dispose de ressources budgétaires propres.

De PAC en PAC

De toutes les interventions de l'Union européenne, la politique agricole commune est celle qui monopolise le plus de crédits européens et suscite le plus de polémiques.

> **La France grande bénéficiaire de la PAC, mais...**
>
> En 1997, la France bénéficie de 22 % des dépenses du FEOGA, contre seulement 14 % à l'Allemagne et 11,1 % à l'Espagne. Pour l'agriculture française, les aides européennes représentent 84 % des concours publics.

Les réformes n'empêchent pas l'augmentation des dépenses

Les politiques agricoles des pays membres ont été intégrées dans une politique agricole commune. Une protection vis-à-vis de la concurrence de pays tiers et une garantie de prix élevés devaient inciter les agriculteurs à produire plus. L'Europe communautaire était largement déficitaire dans ses approvisionnements agricoles. Elle est aujourd'hui devenue exportatrice. Au début des années 1980, il devint évident que l'Europe devait adopter une politique de pays exportateur. Elle s'y est résolue entre 1984 et 1992. Au lieu de favoriser la production (dont une partie devait être stockée), on la limita par quotas dans la production de lait, la mise en jachère de terres et la baisse des prix garantis. Par contre, on assura un revenu minimum aux agriculteurs. La politique agricole commune ne représente plus que 43 % des dépenses, mais, au total, les sommes qui lui sont consacrées ont, à la suite de l'élargissement de l'Union*, continué à croître.

Évolution des sommes consacrées à la section garantie du FEOGA de 1983 à 1999 (en milliards d'écus ou d'euros)

83	84	85	86	87	88	89	90	91	92	93	94	95	96	97	98	99	99 (en milliards de francs)
15,8	18,3	19,7	22,1	23,0	27,7	25,9	26,5	32,4	32,1	34,7	33,4	34,5	39,1	40,4	40,4	40,9	268

Source : *Rapport du FEOGA*.
De 1983 à 1998, l'unité est l'écu ; en 1999, l'euro ; pour 1998 et 1999, il s'agit des crédits de paiement.
Le FEOGA est le Fonds européen d'orientation et de garantie agricole. La section garantie, qui permet le maintien du revenu des agriculteurs, soit à travers le maintien des prix, soit grâce à des aides, représente 90 % des crédits de la PAC en 1999, contre 94,5 % des dépenses de 1993.

production   familles   entreprises   l'État

Dépenses de la section garantie du FEOGA en 1997

	Céréales	Autres produits végétaux [1]	Produits laitiers	Viande bovine	Viandes ovine et caprine	Autres produits animaux [2]	Autres dépenses [3]	Total
En milliards d'écus	12,6	14,2	3,1	6,6	1,4	0,7	3,1	41,3 [3]
En % du total	29,5	34,3	7,5	15,9	3,5	1,7	7,5	100

Source : *Rapport du FEOGA.*

[1] Cette rubrique recouvre notamment le sucre (1,6 milliard), l'huile d'olive (2,2 milliards), les fruits et légumes (1,6 milliard), le vin (1 milliard), les plantes textiles et les vers à soie (1 milliard), le tabac (1 milliard).

[2] Sous cette rubrique, la viande porcine ne reçoit que 0,5 milliard, les œufs et volailles 0,08 milliard et la pêche 0,003 milliard.

[3] Rubrique qui comprend principalement des mesures d'accompagnement (2 milliards) des soutiens précédents mais aussi l'aide alimentaire et les actions de promotion des produits agricoles.

[4] Y compris les dépenses à partir de crédits de l'exercice précédent (0,9 milliard).

Tout le monde ne profite pas de la PAC aussi intensément

Au départ, ce sont les agriculteurs productivistes (en France les grandes exploitations du bassin parisien) qui profitèrent le plus de la PAC. Les consommateurs européens en supportaient le coût à travers le maintien de prix agricoles élevés sous l'effet conjugué des protections douanières et des prix garantis. Aujourd'hui, les paiements compensatoires dont bénéficient les agriculteurs sont supportés par les contribuables, et de fait plus visibles. Avec la diminution du nombre des agriculteurs et la part qui revient toujours à l'agriculture productiviste, ils sont de plus en plus contestés. La réforme envisagée a abandonné l'idée d'un partage du soutien à l'agriculture entre les États et l'Union. On s'oriente vers des aides plus sélectives au profit des agriculteurs les moins fortunés et dégressives en fonction du revenu des exploitations, avec en prime un plafonnement plus rigoureux de leur montant.

> **Des aides inégalement réparties**
>
> Les productions céréalières et betteravières perçoivent près des deux tiers des aides, alors qu'elles ne représentent que 20 % du CA de l'agriculture. L'aide par exploitation dans le bassin parisien est en moyenne 1,8 fois supérieure à la moyenne de l'aide par exploitation.

> Pour disposer de plus de ressources pour d'autres politiques, l'UE n'a cessé de réformer la PAC sans parvenir pour l'instant à diminuer les crédits qu'elle y consacre.

L'Europe à la recherche d'une politique

Parallèlement à la PAC, l'Union européenne met en œuvre une série de politiques pour faciliter l'intégration et la modernisation des pays membres.

Des « fonds » pour assurer la cohésion sociale et économique

Il existe plusieurs fonds structurels : le FEDER (Fonds européen de développement régional), le FSE (Fonds social européen), pour lutter contre le chômage et promouvoir l'emploi, le Fonds de cohésion, qui finance des actions permettant à la Grèce, au Portugal, à l'Irlande et à l'Espagne de rattraper leur retard ; enfin, le FEOGA Orientation soutient l'adaptation des exploitations agricoles. D'année en année, l'UE* a consacré toujours plus de crédits à sa politique structurelle (en 1999, 39 % des crédits d'engagements et 30 % des crédits de paiement).

Des programmes facilitant le dynamisme de l'Union européenne

Peu à peu se constituent une Europe des consommateurs, une Europe des transports, une Europe de l'énergie, une Europe de l'éducation et de la formation, une Europe de la recherche scientifique et technologique... Regroupés sous la rubrique actions internes, ces crédits représentent en 1999 un peu plus de 6 % du budget* des crédits communautaires. Les programmes des "actions externes" sont notamment destinés à l'aide humanitaire et au développement des pays du tiers-monde (un peu plus de 6 % du budget communautaire en 1999).

Décisions, réglementations et recommandations en tout genre

Ces interventions sont accompagnées par une production réglementaire abondante qui touche presque tous les domaines de la vie économique, sociale et culturelle. Plus de la moitié des lois et des règle-

production | familles | entreprises | l'État

Crédits engagés en 1999 pour intégrer, développer et dynamiser l'Europe

	Fonds structuraux et autres actions structurelles (1)	Formation, jeunesse, culture, audiovisuel, emploi	Énergie Euratom, sécurité nucléaire, environnement (2)	Consommateur, marché, industrie et réseau transeuropéen (3)	Recherche technologique et développement	Action extérieure (4)	Politique étrangère et de sécurité
En milliards d'euros	39,25	0,81	0,24	1,13	3,45	6,22	0,03
En milliards de francs	257,46	5,31	1,57	7,22	22,63	40,80	0,20

Source : Commission européenne.

(1) Dont 35,9 milliards d'euros pour les fonds structuraux et 3,11 pour le Fonds de cohésion. Parallèlement, la BEI peut attribuer des prêts non budgétisés.

(2) Dont 0,18 milliard pour la défense de l'environnement.

(3) Dont 0,59 milliard pour le réseau transeuropéen, 0,21 pour les innovations techniques et le marché de l'emploi, 0,03 pour la défense du consommateur.

(4) Dont 0,84 milliard pour l'action humanitaire, 1,1 pour la coopération avec des pays méditerranéens et du Moyen-Orient, 2,2 pour la coopération avec les Européens de l'Est et la Mongolie, 0,88 pour la coopération avec d'autres pays du tiers-monde, 0,1 pour la défense des droits de l'homme. Le FDE intervient aussi hors budget au profit des pays du tiers-monde associés à l'Union européenne.

mentations applicables dans les pays membres ont désormais pour origine les institutions européennes. Ces interventions financières et réglementaires construisent l'Europe de demain mais ne constituent pas encore une politique unifiée. En dehors de l'agriculture, le seul domaine où il existe une véritable politique commune est celui de la politique monétaire de la Banque centrale européenne, créée par le traité de Maastricht*, qui impose à tous les États une stricte discipline budgétaire.

Les comptes de la France ont-ils encore un sens ?

Avec une monnaie unique, l'euro, l'Union européenne devient peu à peu un tout, au même titre que les États-Unis d'Amérique, la Russie ou le Japon. Il y a de plus en plus difficile d'y comptabiliser les échanges internes et la concurrence se fait moins entre économies nationales qu'entre régions.

Les interventions de l'Union européenne sont de plus en plus nombreuses et importantes, mais elles ont quelque mal à constituer une politique véritablement cohérente.

Glossaire

Acteurs ou agents économiques : désignent tous ceux qui interviennent dans la vie économique en les regroupant selon le rôle qu'ils y jouent (ménages* ou familles, entreprises*, administrations*, banques* et assurances, étranger* (ensemble des acteurs situés à l'extérieur du territoire national)). Dans la comptabilité nationale*, on parle de secteurs institutionnels*.

Administrations publiques : acteurs économiques* qui rendent principalement des services hors marché ou redistribuent des revenus et dont les ressources proviennent essentiellement des prélèvements obligatoires* et d'emprunts. L'État, les collectivités locales* et les organismes de Sécurité sociale* sont les principales administrations publiques.

Administrations publiques locales (APUL) : dans la comptabilité nationale*, comprennent les collectivités publiques territoriales*, mais aussi les corps consulaires, les SAFER (Sociétés d'aménagements fonciers et ruraux), les lycées, les agences de l'eau…

Assurances sociales : administrations publiques* versant des prestations sociales* ; comprennent en France la Sécurité sociale*, qui verse les prestations de maladie, de retraite, d'accidents du travail et d'allocations familiales*, et les ASSEDIC (Association pour l'emploi dans l'industrie et le commerce), qui versent les allocations chômage*.

Autorisation d'engagement ou de programme : autorisation donnée à une administration d'engager une dépense, mais qui peut ne pas se traduire en dépenses immédiatement. Une autorisation d'engagement est valable tant qu'une décision ne l'annule pas.

Balance commerciale : comptabilise les importations* et les exportations ; celles des douanes et de la balance des paiements* ne prennent en compte que les échanges de biens ; dans le cas de la comptabilité nationale*, les échanges de services sont inclus.

Balance des paiements : comptabilise tous les échanges d'un pays avec l'étranger ; elle comprend la balance des paiements courants, qui inclut la balance commerciale*, la balance des services et celle des revenus et des autres paiements courants (notamment les dépenses des administrations publiques* à l'étranger). À côté de la balance des paiements courants existe celle des capitaux.

Besoin ou capacité de financement : dans la comptabilité nationale*, il y a besoin de financement lorsque l'épargne* d'un acteur économique* ne permet pas de financer ses investissements*. Il y a capacité quand son épargne et supérieure à ses investissements.

Budget : document qui récapitule les dépenses et les recettes d'une administration* ; on peut aussi parler de budget familial pour les recettes et les dépenses d'un ménage*.

Charge de la dette : sommes dépensées chaque année pour payer les intérêts et le remboursement des emprunts.

Collectivités locales territoriales : administrations publiques* ayant une compétence locale, les collectivités territoriales sont composées des régions, des départements, des communes et de leurs regroupements (syndicats de communes, communautés urbaines, districts...)

Comptabilité nationale ou comptes nationaux : ensemble de statistiques (en France établies par l'INSEE*) permettant une représentation simplifiée des flux monétaires entre tous les acteurs de la vie économique*.

Consommation de capital : expression qui représente l'usure normale et l'obsolescence du capital. Elle est proche de la notion d'amortissement, mais cette dernière est plutôt utilisée dans les analyses comptables ou fiscales de l'entreprise.

Consommation des ménages : on distingue d'une part la consommation finale des ménages, qui est la somme des dépenses leur permettant grâce à leur revenu de satisfaire un besoin, et d'autre part la consommation effective des ménages. Cette dernière comprend les services et autres prestations en nature que leur fournissent les administrations et les institutions sans but lucratif (principalement les prestations en nature concernant la santé et les services d'éducation).

production   familles   entreprises   l'État

Consommation finale des administrations : dépenses des administrations* correspondant à des biens et services non marchands leur permettant de remplir leur fonction. On y distingue la consommation finale individuelle des administrations, dont on peut identifier les bénéficiaires et qui fait partie de la consommation effective des ménages*, et la consommation finale collective, dont on ne peut identifier précisément les bénéficiaires (par exemple les dépenses pour le fonctionnement des pouvoirs publics ou encore la sécurité intérieure ou extérieure).

Consommation intermédiaire : utilisation d'un bien ou d'un service pour en produire un autre.

Cotisations fiscales : dans les comptes de la protection sociale*, représentent les ressources (fictives) équivalant aux réductions et aux exonérations d'impôts* accordées pour des raisons sociales (les prestations fiscales*).

Cotisations sociales : prélèvement obligatoire* pesant sur les revenus du travail, salarié ou non, et destiné à financer les prestations sociales* garantissant contre les risques de la vie. Elles ont l'inconvénient majeur de renchérir le coût salarial*.

Cotisations sociales fictives : mesurent la contribution des employeurs, qui assument eux-mêmes directement une partie des prestations sociales* que devraient toucher leurs salariés s'ils passaient par un régime de Sécurité sociale* (par exemple les allocations familiales* que paie directement l'État à ses fonctionnaires).

Coût salarial : représente la somme du salaire net perçu par les salariés, des cotisations sociales* salariales, des cotisations sociales patronales et des impôts* pesant sur les salaires.

Déficit public : partie des dépenses des administrations* non couvertes par des recettes définitives (prélèvements obligatoires*, recette des domaines ou vente de certains services actifs publics, par exemple d'entreprises nationalisées). Le terme déficit budgétaire s'applique plus spécialement au budget* de l'État.

Dépenses d'équipement : terme souvent appliqué pour désigner les dépenses soit civiles soit militaires consacrées à la construction de bâtiments ou l'achat de matériel permettant à une administration* de remplir sa mission.

Droits de douane : mesure protectionniste prenant la forme d'un prélèvement obligatoire* sur les importations en provenance des pays étrangers. Il n'existe plus de droits de douane sur les échanges internes à l'Union européenne*. Les droits vis-à-vis des pays tiers sont identiques dans tous les pays membres et sont levés au profit de l'UE.

Équilibre (ou tableau) des emplois et des ressources : dans la comptabilité nationale*, récapitule l'origine des ressources dont une économie dispose durant une année (le PIB* et les importations*) et les emplois qu'elle en fait (consommation finale des ménages* et des administrations*, FBCF*, exportations* et variation des stocks) ; son équilibre est fatal puisque ce sont les mêmes biens qui sont comptabilisés sous des rubriques différentes dans les emplois et dans les ressources.

Équilibre budgétaire : équilibre dans un budget* public entre les dépenses et les recettes définitives (hors recettes de l'emprunt).

Équipements collectifs : au sens strict, équipements mis à la disposition des acteurs économiques* par les administrations* pour satisfaire, le plus souvent gratuitement, les besoins de la population, des entreprises (par exemple les routes, les écoles, des équipements sportifs ou sanitaires…) ; ils satisfont la consommation collective* (celle qui ne se réalise pas par des achats sur le marché mais par l'usage d'équipements collectifs).

Excédent brut d'exploitation : dans le compte des résultats des entreprises, différence entre les recettes (valeur ajoutée* + subventions*) et les dépenses (rémunération des salariés* + impôts* indirects autres que la TVA*) avant amortissement et paiement des impôts directs.

FBCF (formation brute du capital fixe) : montant des sommes consacrées à l'achat de machines, de moyens de transports et autres équipements productifs (y compris les logiciels), à la construction et à la réparation d'immeubles ou encore à la mise en place d'infrastructures* par les entreprises*, les ménages* (le logement) ou les administrations*.

Glossaire (suite)

Fiscalité : ensemble des impôts* directs, indirects ou sur la fortune, leur importance relative et la manière dont ils sont prélevés. On parle aussi de fiscalité à propos de l'ensemble des lois qui déterminent et fixent les prélèvements fiscaux.

Francs (monnaie) constants ou courants : les calculs en francs constants éliminent les effets de l'inflation* sur la hausse des prix. Lorsque les données fournies sont en francs courants, cette élimination n'est pas faite.

Impôt : prélèvement obligatoire* permettant de financer sans contrepartie les dépenses d'une administration. L'impôt direct frappe le revenu ; l'impôt indirect, d'une manière ou d'une autre, la consommation ou l'usage d'un bien.

Inflation : hausse générale des prix qui peut être due soit à un excès de la demande (inflation par la demande), soit à une augmentation des coûts de production (inflation par les coûts).

Investissements : sommes dépensées pour acquérir des équipements productifs, construire des logements ou mettre en place des équipements collectifs*, ou encore pour constituer des stocks de marchandises. À côté de ces investissements matériels, il existe des investissements immatériels dans la recherche, la formation, la publicité que les systèmes comptables ont du mal à prendre en compte.

Loi de finances : loi qui autorise les dépenses et les recettes de l'État pendant une année. Tant que le budget* n'est pas voté, on parle de projet de loi de finances. Lorsqu'il est voté, la loi de finances devient définitive mais peut être modifiée en cours d'année par des lois de finances correctives, appelées aussi collectifs budgétaires.

Ménage : acteur économique* qui constitue une unité de consommation* et qui fournit du travail. Un célibataire est donc un ménage. On parle de ménages institutionnels à propos des personnes vivant dans une institution (couvent, maison de retraite, prison…) Dans la comptabilité nationale* française actuelle, le secteur institutionnel* ménages comprend aussi l'activité des entrepreneurs individuels.

Patrimoine : ensemble des avoirs d'un acteur économique*. Il comprend principalement les placements (ou actifs) financiers*, les actifs immobiliers*, les équipements productifs et certains avoirs incorporels (tels les brevets et les marques).

Placements (ou actifs) financiers : partie du patrimoine* constituée par des dépôts en banque, de l'épargne liquide (par exemple celle placée dans les caisses d'épargne), des valeurs mobilières* (actions ou obligations) ou des assurances-vie.

Population active : partie de la population ayant un emploi ou en recherchant un.

Prélèvement agricole : somme prélevée au profit de l'Union européenne* sur les importations agricoles en provenance de pays tiers et qui finance une partie de la PAC.

Prélèvement sur le PNB : somme que doivent verser les membres de l'Union européenne* en fonction de l'importance de leur PNB* et qui intègre la partie de la TVA* nationale revenant à l'UE.

Prélèvements obligatoires : ensemble des impôts* et des cotisations sociales* effectives dues aux administrations pour le financement de leurs dépenses.

Pression fiscale : pourcentage du revenu qui, directement ou indirectement, sert à payer les prélèvements obligatoires*. On la mesure souvent par le pourcentage du PIB* que représente le montant des prélèvements obligatoires.

Prestations fiscales : ensemble des exonérations et des diminutions d'impôts* accordées pour des raisons sociales à un certain nombre de personnes (chômeurs, personnes âgées, familles ayant des enfants, veufs et veuves ayant élevé des enfants), le plus souvent sous conditions de ressources.

Prestations sociales : transferts* attribués personnellement à des ménages* pour les garantir contre un risque de la vie (maladie, accidents du travail, vieillesse, accroissement de leur famille, chômage…).

production | familles | entreprises | l'État

Productivité : production obtenue par l'emploi des facteurs de production (le travail et/ou le capital) pendant une durée déterminée (une heure ou un an).

Produit intérieur brut (PIB) : somme des valeurs ajoutées* produites sur le territoire national par les entreprises*, les administrations*, les institutions sans but lucratif et les ménages*, augmentées des impôts* sur la production.

Produit national brut (PNB) : proche du PIB*, il prend en compte les transferts*, notamment de salaires et de profits, des acteurs économiques* nationaux et étrangers, qui se traduisent par des entrées et des sorties de revenus du territoire national.

Protection sociale : ensemble des mesures prises pour couvrir les risques de la vie par des prestations sociales* ou fiscales* ou encore par le financement de services sociaux et d'actions sociales.

Rémunération des salariés : dans la comptabilité nationale*, est égale aux salaires bruts* augmentés des cotisations sociales* patronales effectives ou fictives*.

Revenu disponible : revenu qui reste à la disposition d'une personne ou d'une famille après déduction des prélèvements obligatoires* directement perçus sur le revenu.

RMI (revenu minimum d'insertion) : droit à un minimum de ressources accordé depuis 1988 aux personnes de plus de 25 ans ne poursuivant pas d'études et qui risquent de tomber sous le seuil de pauvreté. Il est accompagné de mesures d'insertion financées par les départements.

Salaire brut ou net : le salaire est brut lorsqu'il comporte les cotisations sociales* dont un salarié est redevable ; le salaire net est celui que perçoit réellement un salarié, déduction faite des cotisations sociales (rappelons que le coût salarial* intègre les cotisations et impôts* sur les salaires dus par l'employeur).

Salaire indirect : prestations sociales* perçues par un salarié et qui s'ajoutent à son salaire proprement dit.

Secteur institutionnel : *voir* Acteurs économiques.

Sécurité sociale : administration créée en 1947 pour assurer tous les Français contre les risques de la vie. La couverture du risque de chômage est assumée par une autre institution, les ASSEDIC, qui versent des allocations chômage. Sécurité sociale et ASSEDIC constituent ce que l'on nomme les assurances sociales*.

Solde des échanges extérieurs : différence soit positive (solde excédentaire) soit négative (solde déficitaire) entre les ventes et les achats de marchandises et de services à l'étranger*. Celui de la balance commerciale* des douanes ne concerne que les échanges de marchandises.

Subvention : aide accordée à une activité par une administration*, soit pour assurer son fonctionnement, soit pour l'aider à réaliser un investissement*.

Taux d'intérêt : somme due pour disposer pendant un an de 100 francs, et plus généralement de 100 unités monétaires.

Taux de croissance : augmentation annuelle exprimée en pourcentage. Le taux de croissance d'un pays est mesuré à partir du PIB* ou du PNB*.

Traité de Maastricht : *voir* Union européenne*.

Transferts : ressources versées sans contrepartie par un acteur économique* à un autre. Les prestations sociales* et les subventions* sont ainsi des transferts. Il existe aussi des transferts d'une administration à une autre, par exemple de l'État aux collectivités locales* ou à l'Union européenne*.

Transferts de compétences : transferts de fonctions assumées par une administration à une autre administration. Par exemple l'investissement* dans la création et l'entretien des lycées a été, dans le cadre de la loi sur la décentralisation, transféré de l'État aux régions.

TVA (taxe sur la valeur ajoutée) : impôt* indirect de l'État qui, à chaque stade de la production, ne frappe que la valeur ajoutée* par l'entreprise* ou plus généralement l'activité qui la doit. Elle évite de frapper

Glossaire (suite et fin)

l'investissement*, car la TVA qui y est incluse est remboursée. En fin de compte, c'est le consommateur final qui la supporte entièrement. Une partie de la TVA perçue par les États membres de l'UE* (actuellement celle que représente un point de TVA) est transférée à l'UE.

Union européenne (UE) : en 1992, le traité de Maastricht* a substitué l'Union européenne à la Communauté économique européenne, créée en 1957. Cette transformation correspond à un élargissement du pouvoir des instances politiques de l'Union et à la création d'une Union européenne monétaire*. Quinze pays en font actuellement partie (l'Allemagne, l'Autriche, la Belgique, le Danemark, la Finlande, la France, la Grèce, l'Irlande, l'Italie, le Luxembourg, les Pays-Bas, le Portugal, le Royaume-Uni et la Suède).

Union européenne monétaire : créée dans le cadre du traité de Maastricht* pour instaurer une monnaie unique des pays de l'Union européenne*. Onze des quinze pays de l'Union ont accepté d'y participer. L'euro est ainsi devenu le 1er janvier 1999 leur monnaie légale, et la politique monétaire de chacun de ces pays a été transférée à la Banque centrale européenne.

Valeur ajoutée : valeur créée au cours de la production d'un bien ou d'un service. Elle est mesurée par la différence entre la valeur de cette production et celle des consommations intermédiaires* ; elle inclut donc la rémunération des salariés*, y compris les cotisations sociales*, l'amortissement des investissements*, le bénéfice net avant impôt* et les impôts indirects autres que la TVA*.

Ce qu'ont payé les Français en 1998, en milliards de francs :	3 848
Pour financer la Sécurité sociale :	1 763
Dont cotisations sociales :	1 363
Impôts au profit de la Sécurité sociale :	400
(dont CSG : 316)	
Pour financer l'État et les autres administrations centrales :	1 500
Dont IRPP :	303
Impôts sur le bénéfice des sociétés :	185
TVA :	642
Taxes sur les produits pétroliers :	153
Autre :	217
Pour financer les collectivités territoriales :	493
Taxe d'habitation :	73
Taxe foncière :	110
Taxe professionnelle :	182
Autre :	128
Pour financer l'Union européenne :	92

Ce qu'ont reçu les Français en 1998, en milliards de francs :	4 093
Prestations sociales et aides sociales en espèces :	1 582
Dont prestations versées par la Sécurité sociale :	1 260
Prestations sociales versées directement par les autres administrations :	164
Prestations d'assistance sociale en espèces :	158
Prestations sociales en nature (notamment remboursements dépenses de santé) :	677
Autres consommations réalisées grâce à des dépenses publiques, y compris d'éducation :	532
Dépenses permettant aux administrations de fonctionner et d'assurer la sécurité intérieure et extérieure :	812
Transferts divers, y compris la charge de la dette :	410
Aides et subventions en provenance de l'Union européenne :	80

Du fait du déficit des administrations, les Français ont plus reçu que ce qu'ils ont donné. Toutefois, les chiffres fournis ici, bien que tirés de divers documents de la comptabilité nationale et de la comptabilité publique, ne sont pas totalement cohérents entre eux. Ils sont parfois des approximations, mais suffisantes pour fournir des ordres de grandeur. On trouvera dans le reste du livre des chiffres plus affinés et donnant pour certains l'année 1999 et pour d'autres le budget de l'État 2000.

production   familles   entreprises   l'État